frases
bem construídas

frases
bem construídas

Seleção de
Arthur Casas

© 2025 - Arthur Casas
Direitos em língua portuguesa para o Brasil:
Matrix Editora
www.matrixeditora.com.br
/MatrixEditora | @/matrixeditora | /matrixeditora | /matrixeditora

Diretor editorial
Paulo Tadeu

Capa e projeto gráfico
Giovana Carvalho, Guto Lacaz e Carlos Baptistella

Fotos
Giovana Carvalho

Revisão
Nathalia Reys
Cida Medeiros

CIP-BRASIL - CATALOGAÇÃO NA PUBLICAÇÃO
SINDICATO NACIONAL DOS EDITORES DE LIVROS, RJ

Frases bem construídas / seleção Arthur Casas. - 1. ed. - São Paulo: Matrix, 2025.
160 p.; 18 cm.

ISBN 978-65-5616-543-1

1. Máximas I. Casas, Arthur.

25-96021
CDD: 808.88
CDU: 82-84

Meri Gleice Rodrigues de Souza - Bibliotecária - CRB-7/6439

sumário

prefácio 7

apresentação 13

arquitetura e cidade............................ 19

minhas próprias palavras.................... 49

arte 63

vida 73

meio ambiente................................... 149

o autor... 157

prefácio

"Um livro clássico é aquele que nunca terminou de dizer aquilo que tinha para dizer." Foi o que escreveu Italo Calvino em seu também redundantemente clássico ensaio *Por que ler os clássicos*, de 1991. Como fica mais claro no seu contexto, a frase de Calvino quer nos lembrar que uma obra clássica se transforma a cada leitura e que isso acontece simplesmente porque nós, leitores, nos transformamos a cada etapa de nossas vidas. Ter lido *Dom Casmurro* aos 17 anos e depois relê-lo aos 71 não é só uma experiência muito diferente, é um encontro inédito. Então arrisco dizer aqui que uma citação também pode ser considerada "um clássico". Sim, uma frase que a história da humanidade elegeu para ser citada e recitada *per secula seculorum*, em situações totalmente diversas, é uma obra clássica condensada. Essencializada. Depurada. Potencializada, até. Nesse sentido, uma frase clássica é como um mito, na maneira em que Fernando Pessoa definiu: "um nada que é tudo". Um fiapo de história e de reflexão que significa um mundo.

prefácio

Uma frase se torna clássica – ou mítica – quando atinge um mínimo denominador comum que nos faz esquecer, pelo menos por um instante, que vivemos num mundo não só incomum, mas muitas vezes incompreensível. Pela potência da essencialização, a grande frase atinge a veia de sangue e o veio de ouro de uma realidade profunda, última, que já corria dentro de nós. Aquele punhado de palavras brilhantes ilumina e traz à tona algo que já estava em nossas entranhas, mesmo que até então não o entendêssemos.

Por isso, temos a impressão de que uma grande frase é nossa. E mais, temos a impressão de que isso não é só impressão. Ela é nossa mesmo. A grande frase pode até ter um pai ou uma mãe biológicos, aqueles que a escreveram ou disseram pela primeira vez, mas ela também passa a ser inteiramente nossa quando a adotamos com plenitude. Nesse momento, ela consegue dizer, com precisão, tanto algo sobre o mundo para nós quanto algo sobre nós para o mundo. Nas duas mãos, ela nos representa.

As frases que Arthur Casas projetou aqui nestas páginas até revelam, de um modo abrangente, o pensamento dele sobre a realidade da arquitetura,

frases

mas revelam ainda mais sobre a arquitetura do pensamento dele sobre a realidade.
Por isso, ainda que os autores originais estejam todos devidamente creditados, gosto de pensar nesta obra como o *Livro de Frases do Arthur*. Todas as frases são dele mesmo. E muitas delas serão suas.

Carlos Nader
Documentarista e videoartista

apresentação

Tenho a mania de juntar coisas, algo que é menos que criar uma coleção que segue um princípio e lógica. Comecei com bolas de gude de diferentes diâmetros e cores, evoluí para miniaturas de automóveis Matchbox, fotos, rascunhos, rolhas, *trinkets* (objetos ou bugigangas de museus ou de mercados de pulgas). Também contribuo alegremente para coleções que não são minhas, como a de globos de neve da minha filha. Durante a pandemia, encontrei mais tempo para a leitura, mas também percebi minha memória falhar a ponto de esquecer palavras banais, como aspirador de pó. Resolvi, então, anotar frases para não as esquecer – frases que poderiam ser minhas, mas não são. E até outras que são minhas, de fato, e que minha assistente Giovana Carvalho registrou em várias reuniões, sem que eu soubesse, e me ajudaram a compor esta obra, no capítulo "Minhas próprias palavras".
Agradeço aos amigos Paulo Tadeu, Guto Lacaz e Carlos Nader por prontamente me apoiarem neste pequeno projeto. E também às minhas

apresentação

colaboradoras "personal": Nathalia Reys, museóloga e diretora do Instituto Arthur Casas de Arquitetura e Inovação, que é o combustível que impulsiona projetos como este adiante; Giovana Carvalho, arquiteta e artista, responsável pela comunicação interna do Studio Arthur Casas, que possui múltiplos talentos, como as fotografias contidas neste livro, o desenvolvimento da comunicação visual e a criação da capa.

Arthur Casas

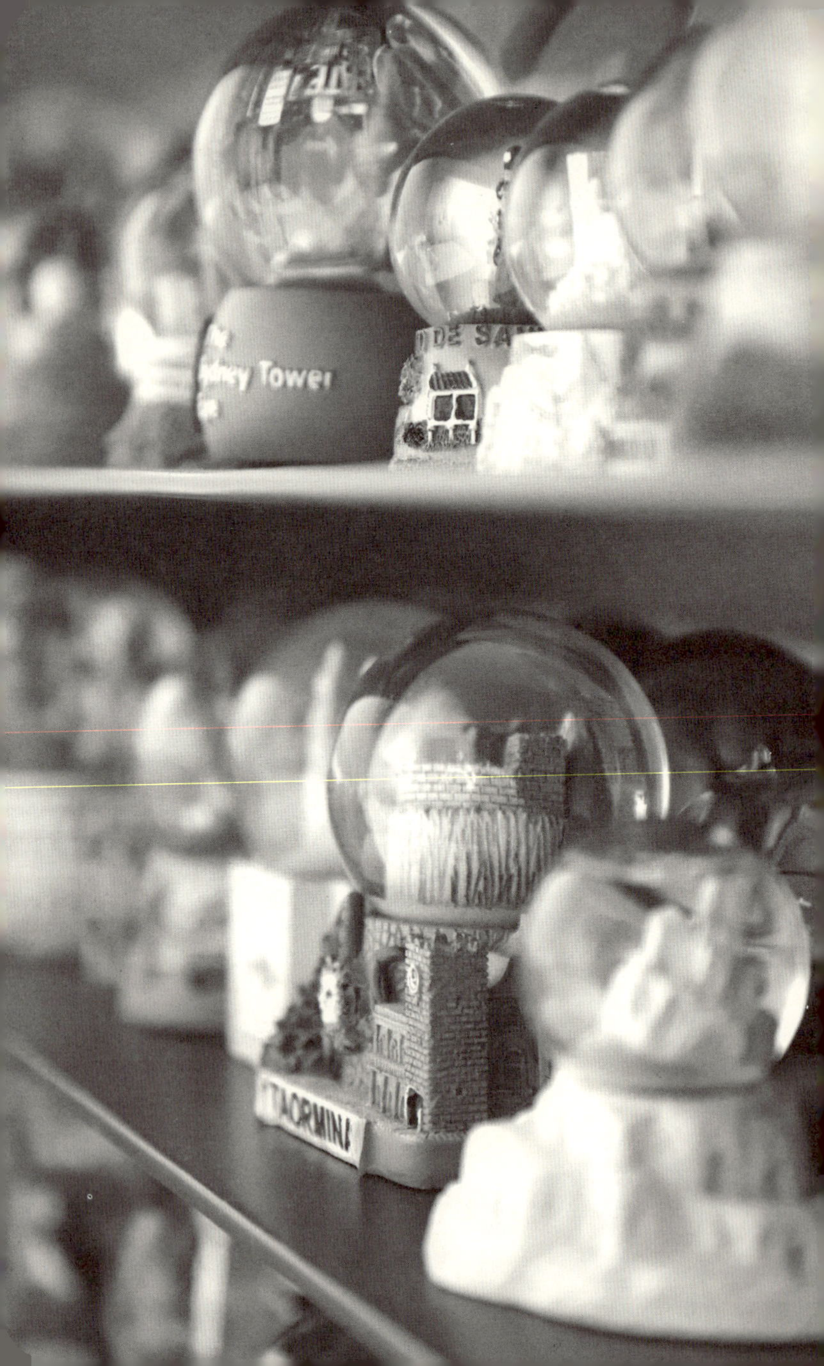
TAORMINA

arquitetura e cidade

Nunca o luxo e a miséria me pareceram tão insolentemente mesclados.
Albert Camus, escritor e filósofo, sobre o Brasil

Não ousar é já ter perdido. Devemos buscar projetos ambiciosos, até mesmo irreais... Porque as coisas só acontecem quando sonhamos.
Andrée Putman, designer

Elas [as residências] vêm desempenhando papéis estendidos. Precisam acolher o convívio intenso da família, que mal se viam ao longo do dia.
Angelo Bucci, arquiteto

São Paulo é como se Los Angeles tivesse vomitado em Nova Iorque.
Anthony Bourdain, chef de cozinha e escritor

A nova arquitetura terá uma dimensão poética. Talvez os espaços sejam cada vez mais desprovidos de tantas definições, cada vez mais efêmeros. O foco recairá sobre a construção de uma inteligência coletiva.
Ciro Pirondi, arquiteto

arquitetura e cidade

São Paulo é uma batida arquitetônica. Tem todos os estilos possíveis e impossíveis. E todos eles brigando com o ambiente. Quer os edifícios públicos, quer as casas particulares, aberram do solo em que se levantam.
A cidade tem, assim, um ar de exposição internacional.
Antônio de Alcântara Machado, escritor

Penso que ele tem uma grande frustração: quando nasceu, o universo já tinha sido desenhado, e ninguém lhe pediu opinião a respeito. É por isso que ele tem tentado, sempre que pode, alterá-lo um bocadinho. Melhorá-lo.
Antonio Madureira, sobre Álvaro Siza

A fim de encontrar o modo mais adequado para resolver problemas, não pude me apoiar em um estilo. Paradoxalmente, isso veio a ser meu próprio estilo.
Arata Isozaki, arquiteto

Os três grandes objetivos que se depreende da nossa pesquisa são: o desejo de segurança, o desejo de afetividade, o desejo de estética.
Bernard Guilbaud, engenheiro

frases

As cidades são, em última instância, nada mais do que a conexão entre as pessoas.
Carlo Ratti, arquiteto e professor

A cor gera prazer. Gosto não se discute, por quê? Porque cada um tem um prazer específico com cada cor.
Carlos Cruz-Díez, artista plástico

É mais importante a qualidade da rua diante da nossa casa do que o jardim que fica dentro dos nossos muros.
Carlos Jereissati Filho, empresário

Aqui tudo parece que era ainda construção e já é ruína.
Claude Lévi-Strauss, antropólogo, sobre São Paulo

Sempre tentamos fazer uma arquitetura simples, e isso requer muito esforço.
Marcio Kogan, arquiteto

arquitetura e cidade

As crianças são um bom indicador da saúde urbana de uma cidade.
Enrique Peñalosa, ex-prefeito de Bogotá

Quando Lou voltou [do Egito], ele finalmente soube o que queria fazer: construir edifícios modernos que evocam a sensação e a presença das ruínas antigas.
Trecho de Nathaniel Kahn sobre Louis Kahn, no filme *My architect*

A casa que você constrói para viver como lar deve ser integral... ao local, ao propósito e a você.
Frank Lloyd Wright, arquiteto

Eu digo aos meus alunos: vocês devem colocar no trabalho em primeiro lugar esforço, em segundo, o amor, e em terceiro, o sofrimento.
Glenn Murcutt, arquiteto

Você não salva a sua alma apenas pintando tudo de branco.
Ettore Sottsass, arquiteto e ilustrador

frases

O minimalismo é como uma filosofia budista.
É sobre desapegar.
***Happy old year*, filme dirigido por Nawapol Thamrongrattanarit**

Sou mais preocupado com a luz do que com a cor.
Edward Hopper, pintor e artista gráfico

Os espaços e locais que habitamos nos afetam, mudam a maneira como nos comportamos e nos conectamos uns com os outros.
Ilse Crawford, designer

Morar aqui e trabalhar lá é a maior tragédia que existe. Separará as pessoas por renda: gueto de gente muito rica, gueto de gente pobre. Isso aumenta a violência.
Jaime Lerner, arquiteto

Todas as cidades deveriam ter um sonho e perseguir esse sonho.
Jaime Lerner, arquiteto

arquitetura e cidade

Nunca pergunte o que a cidade pode fazer pelo seu prédio, pergunte o que seu prédio pode fazer pela cidade.
Jan Gehl, arquiteto

Cidade segura: manter e sustentar a visão de uma sociedade aberta na qual as pessoas de todos os grupos socioeconômicos possam se movimentar lado a lado, no mesmo espaço da cidade, em seus afazeres cotidianos.
Jan Gehl, arquiteto

Os quatro objetivos-chaves: cidades com vitalidade, segurança, sustentabilidade e saúde.
Jan Gehl, arquiteto

A madeira é feminina. Se você a modelar com criatividade, ela retribui generosamente com sensualidade.
Jorge Zalszupin, arquiteto

Há um gosto de vitória e encanto na condição de ser simples. Não é preciso muito para ser muito.
Lina Bo Bardi, arquiteta

frases

Eu procurei no Museu de Arte de São Paulo retomar certas posições. Não procurei a beleza, procurei a liberdade. Os intelectuais não gostaram, o povo gostou.
Lina Bo Bardi, arquiteta

Por que o povo é arquiteto? O povo é arquiteto porque não compartilha as ideias extravagantes dos ricos sobre a casa. Os pobres sabem quanto custa ter uma parede lisa, enquanto os ricos se perguntam como ter uma parede lisa.
Lina Bo Bardi, arquiteta

Foi então, quando as bombas demoliram sem piedade a obra e a obra do homem, que compreendemos que a casa tem que ser para a vida do homem, deve servir, deve consolar, e não mostrar uma exibição teatral, as vaidades inúteis do espírito humano.
Lina Bo Bardi, arquiteta

O Brasil, por exemplo, no Nordeste, tem coisas maravilhosas de manualidades. Todos os apetrechos, os instrumentos de trabalho dos pescadores do São Francisco são de um aprimoramento

arquitetura e cidade

maravilhoso. Essa realidade é tão importante como a realidade da qual saiu Alvar Aalto ou as tradições japonesas. Não no sentido folclórico, mas no sentido estrutural. Antes de enfrentar o problema do industrial design em si mesmo, você tem que enquadrá-lo dentro de um contexto socioeconômico-político, na estrutura do lugar, do país, nesse caso o Brasil.

Lina Bo Bardi, arquiteta

Nós pensávamos em salvar a humanidade com a arquitetura e o design industrial. Não deu.

Lina Bo Bardi, arquiteta

A beleza em si, por si mesma, é uma coisa que não existe. Existe por um período histórico; depois, muda o gosto. Depois, vira uma porcaria. Quando é uma coisa imprescindivelmente ligada à coletividade, é bonita porque serve e continua a viver.

Lina Bo Bardi, arquiteta

frases

A forma só segue a função se houver função. O que me move a produzir objetos é, antes, a função, a razão, a necessidade. Daí crio o volume, a aparência, penso no caráter tátil, no desejo, e a forma toma forma.
Lina Bo Bardi, arquiteta

Querida Lina, eu consigo te suportar; na verdade, sou a única pessoa que consegue te suportar. Ainda te amo de forma genuína, sem nenhum rancor, mesmo depois de tantos anos de amolação.
Pietro Maria Bardi, jornalista e mecenas

Esses são os desenhos que fiz, o que vi no Egito. Atemporalidade, monumentalidade…
Isso é o que importava.
Louis Kahn, arquiteto

Cabe ao arquiteto ser um cúmplice da natureza, o artesão era um cúmplice da natureza.
Valter Hugo Mãe, escritor

Todo excesso nega o fim proposto.
Lúcio Costa, arquiteto e urbanista

Os jardins das residências são naturezas domesticadas para usufruto de nossa espécie. No caso de Burle Marx, são obras de arte que organizam espécies vegetais, pedras e cursos de água que, num determinado ponto, abandonam sua domesticidade e voltam a se fundir com a natureza.
Lúcio Costa, arquiteto e urbanista

Os arquitetos estão abdicando de sua responsabilidade de proporcionar conforto ambiental e entregando essa tarefa às ciências mecânicas.
Lúcio Costa, arquiteto e urbanista

As belas-artes são em número de cinco, a saber: pintura, escultura, poesia, música e arquitetura, que têm como principal ramo a pâtisserie.
Marie-Antoine [Antonin] Carême, chef de cozinha

A nossa riqueza são as nossas dificuldades, um estímulo para fazermos alguma coisa.
Mário Schenberg, físico

frases

Todo arquiteto deve saber o valor da vida humana. Todo arquiteto deve saber o diâmetro da Terra.
Michael Sorkin, arquiteto

Não conheço um lugar melhor que a casa. Ela é a segunda pátria. O Brasil é minha pátria, mas o que realmente consolida o prestígio da pátria e da língua é a tua casa.
Nélida Piñon, escritora

Por todo lado vejo apenas arquitetura, ritmo das linhas, ritmo dos planos.
Paul Klee, pintor

A arquitetura existe para amparar a imprevisibilidade da vida.
Paulo Mendes da Rocha, arquiteto e urbanista

Serei sempre um arquiteto brasileiro.
Paulo Mendes da Rocha, arquiteto e urbanista

arquitetura e cidade

A graça do futuro é que nada está assegurado. Seremos o que inventaremos.
Paulo Mendes da Rocha, arquiteto e urbanista

O lucro não pode ser a única razão da construção das cidades.
Paulo Mendes da Rocha, arquiteto e urbanista

A arquitetura é um discurso sobre o conhecimento... Ela deve ser clara em suas intenções.
Paulo Mendes da Rocha, arquiteto e urbanista

Nós estamos condenados a transformar pensamentos em coisas.
Paulo Mendes da Rocha, arquiteto e urbanista

O projeto ideal não existe, a cada vez há a oportunidade de realizar algo aproximado.
Paulo Mendes da Rocha, arquiteto e urbanista

A casa unifamiliar é um erro, um engano. Na cidade é que moramos, ou deveríamos morar, e não em casa.
Paulo Mendes da Rocha, arquiteto e urbanista

frases

Como é que um faz uma casa diferente do outro? É que não é diferente. É como literatura: é a mesma coisa dita mais uma vez, capaz de seduzir como nunca te seduziu antes a mesma coisa. Nós estamos condenados a isso. E nós vamos inventar e inventar sempre. A mesma coisa. Para sermos os mesmos.
Paulo Mendes da Rocha, arquiteto e urbanista

Parece-nos que nas casas de Paulo Mendes da Rocha, e em particular naquelas datadas entre meados das décadas de 1960 e 1970, o morador está destinado a morar e, simultaneamente, a vivenciar uma ininterrupta crítica à sua habitual maneira de morar. Uma crítica naturalmente expressa na própria arquitetura.
Daniele Pisani, arquiteto

A única coisa boa em uma cidade pequena é que você tem a certeza de querer ir embora.
Lou Reed, cantor

Sem bons clientes, boa arquitetura é difícil.
Raul Juste Lores, jornalista

arquitetura e cidade

O arquiteto não é um especialista, tanto se estende seu campo de ação, que ele não pode dispensar, no desenvolvimento do seu trabalho, a colaboração ativa de inúmeros especialistas.

Rino Levi, arquiteto

Na casa moderna, interior e exterior apresentam-se em uma ligação íntima, numa continuidade ininterrupta, determinando uma unidade espacial. O homem, assim, em maior participação com a natureza. A casa, mais aberta, torna-se mais alegre e mais humana. Maior convivência com a natureza e o hábito de vida ao ar livre, em contato com as plantas, dignificam e elevam espiritualmente o homem. O verde das plantas revela sensação de repouso e serenidade e estimula o espírito de fraternidade.

Rino Levi, arquiteto

O arquiteto, cuja atividade depende de terceiros, mais do que qualquer outro artista, é vítima dessa situação, com a qual está perfeitamente habituado. Não é raro que, antes mesmo de receber as

informações básicas sobre o tema, lhe sejam feitas exigências de ordem plástica. Resulta daí uma situação ambígua, da qual só pode sair dignamente desde que saiba vencer tais imposições.
Rino Levi, arquiteto

A cidade de São Paulo era infeliz e não sabia. No período seguinte, São Paulo vai despertar para a realidade dos megaproblemas sociais e administrativos de uma megalópole da zona sombria do planeta.
Roberto Pompeu de Toledo, jornalista

Descrevia-se então São Paulo como uma cidade feia, escreveu Claude Lévi-Strauss, em *Tristes trópicos*, lá publicado em 1955. Em princípio, ele concordava. As improvisações, cores falsas e sombras de tal conjunto arquitetônico lhe causavam um sentimento de irrealidade, como se tudo isso não fosse uma cidade, mas um simulacro de construções apressadamente edificadas para as necessidades de uma "tomada" cinematográfica ou representação teatral.
Roberto Pompeu de Toledo, jornalista

arquitetura e cidade

A forma segue a função.
Louis Sullivan, arquiteto

O desenho é desígnio, intenção, propósito, desejo, coletivo.
João Batista Vilanova Artigas, arquiteto

Não existe arquitetura no papel. A arquitetura só existe quando realizada.
João Batista Vilanova Artigas, arquiteto

O que me encanta é usar formas pesadas e chegar perto da terra e, dialeticamente, negá-las. Transformar minhas colunas em coisas que a tornam para os olhos do engenheiro exigente dizer: "Vai cair essa porcaria toda".
João Batista Vilanova Artigas, arquiteto

Ser arquiteto é um privilégio que a sociedade nos dá. E que eu desempenho como se fosse um segredo do cantinho do meu escritório, fechado, com os meus pensamentos e o meu desenho.
João Batista Vilanova Artigas, arquiteto

A ausência de cenografia é a pura arquitetura.
Walter Gropius, arquiteto

Abaixo as decorações excessivas e viva a construção lógica; eis a divisa que deve ser adotada pelo arquiteto moderno.
Gregori Warchavchik, arquiteto

Sensibilidade, intuição, senso de geometria e nada mais.
Henri Cartier-Bresson, fotógrafo

Não é ideal que o design seja colocado em um pedestal, como algo distante. Acredito que ele tenha que ser vivenciado para que o legado permaneça vivo.
Diego Casas, empresário

A vanguarda de ontem é o chique de hoje e o clichê de amanhã.
Richard Hofstadter, historiador

Na arquitetura pura, o menor detalhe deve ter um significado ou servir a um propósito.
Augustus Welby Pugin, arquiteto

arquitetura e cidade

O desenho é o desejo da inteligência.
Álvaro Siza, arquiteto

Qualidade é o respeito por outras pessoas, mas só arquitetos podem prover isso.
Álvaro Siza, parafraseando Che Guevara

Nada aparece do nada. Até hoje, quando desenho curvas, devo alguma coisa a, com 18 anos, ter visto os projetos do Niemeyer.
Álvaro Siza, arquiteto

Luxo na arquitetura não é uma questão de preço ou materialidade, mas uma questão de generosidade, de prazer e liberdade proporcionados pelo espaço. Como arquitetos, devemos lidar com essa questão de oferecer luxo às pessoas de uma maneira muito democrática, para todos.
Anne Lacaton, arquiteta

O desejo de alcançar o céu é profundo na nossa psique humana.
César Pelli, arquiteto

frases

A fachada e as paredes de uma casa, de uma igreja ou de um palácio, não importa quão bonitos eles possam ser, eles são apenas o container, a caixa formada pelas paredes; o conteúdo é o espaço interno.
Bruno Zevi, escritor

Estou profundamente impressionado com o designer do universo; tenho certeza de que eu não poderia ter feito um trabalho tão bom.
Buckminster Fuller, designer

Eu sempre considero um prédio como parte do todo, uma peça que cria uma performance coletiva, que é a cidade.
Christian de Portzamparc, arquiteto e urbanista

Você pode largar um livro ruim; não pode largar o todo.
Christian de Portzamparc, arquiteto e urbanista

arquitetura e cidade

Como se pode redesenhar a cafeteira Moka?
Talvez apenas tornando-a mais o que ela já é.
David Chipperfield, arquiteto

Eu posso não ser o arquiteto mais interessante, mas eu continuo por aí e mantive uma posição de integridade.
David Chipperfield, arquiteto

Os blockbusters dos arquitetos são como a comida lixo das exposições de arquitetura, proporcionando uma breve elevação de açúcar com edifícios famosos, mas deixando os visitantes rapidamente com fome.
Eleanor Beaumont, arquiteta

Na realidade, algumas imagens ou desenhos têm maior impacto do que muitos dos prédios que construímos.
Emilio Ambasz, designer

Eu não sei por que as pessoas contratam arquitetos e depois dizem a eles o que fazer.
Frank Gehry, arquiteto

Para mim, cada dia é uma coisa nova. Eu abordo cada projeto com uma nova insegurança, quase como o primeiro projeto que fiz, e fico nervoso, entro e começo a trabalhar. Não sei para onde estou indo. Se soubesse para onde estou indo, eu não faria isso.
Frank Gehry, arquiteto

Toda vez que inicio um projeto é como a primeira vez. Nunca sei para que lado estou indo; se soubesse, certamente esse caminho estaria errado.
Frank Gehry, arquiteto

A arquitetura carecia de paixão no movimento moderno… era tudo mecânico. E é por isso que o pós-modernismo surgiu, pois as pessoas não conseguiam lidar com essa frieza e ausência de forma. Louis Kahn foi como um vento fresco e vigoroso na América, e meus primeiros trabalhos foram uma homenagem a ele.
Frank Gehry, arquiteto

arquitetura e cidade

Se você acha que não pode tornar o mundo um lugar melhor com o seu trabalho, pelo menos se certifique de não o tornar pior.
Herman Hertzberger, arquiteto

Qualquer trabalho de arquitetura que não expressa serenidade é um erro.
Luis Barragán, arquiteto

O edifício deve expressar serenidade.
Luis Barragán, arquiteto

A cadeira é um objeto muito difícil. Um arranha-céu é quase mais fácil. Por isso a Chippendale é famosa.
Mies Van der Rohe, arquiteto

Menos é mais.
Mies Van der Rohe, arquiteto

Deus está nos detalhes.
Mies van der Rohe, arquiteto

O modernismo significa integridade; significa honestidade; significa a ausência de sentimentalismo e a ausência de nostalgia; significa simplicidade; significa clareza. Isso é o que o modernismo significa para mim.
Paul Rand, designer

Eu disse adeus à noção exagerada de que a arquitetura precisa salvar o mundo.
Peter Zumthor, arquiteto

Você pode largar um livro ruim; pode evitar ouvir uma música ruim; mas não pode ignorar o feio bloco de apartamentos em frente à sua casa.
Renzo Piano, arquiteto

Acredito que o material não precisa ser forte para ser usado na construção de uma estrutura rígida. A resistência da estrutura não tem nada a ver com a resistência do material.
Shigeru Ban, arquiteto

arquitetura e cidade

Arquitetura é música congelada.

Goethe, escritor

Se a arquitetura é música congelada, então a música deve ser arquitetura líquida.

Quincy Jones, produtor musical e compositor

É importante aprender com o passado; as lições da história são valiosas. Gostaria de ser responsável por esta citação: "Se você quer olhar para o futuro distante, primeiro olhe profundamente para o passado e, em seguida, esteja ciente de que está projetando para o presente, mas também para o futuro, que é desconhecido".

Norman Foster, arquiteto

O lápis e o computador são, se deixados por conta própria, igualmente imbecis e só são tão bons quanto a pessoa que os manipula.

Norman Foster, arquiteto

frases

Estávamos esperando pelo futuro e, no final, ele chegou: mas não da maneira como gostaríamos ou imaginávamos. Devemos cultivar a memória de uma época em que as coisas, as casas e as cidades tinham alma. Se essa alma antiga, mas constantemente inerente, puder ser encontrada nas informações sobre o design, nosso longo trabalho como contadores de histórias sobre ele terá feito sentido.
Stefano Casciani, designer

Luxo na arquitetura não é diferente do luxo na vida. Luxo é ter em sua casa aquilo que te deixa feliz.
Isay Weinfeld, arquiteto e cineasta

O projeto arquitetônico deve ser entendido como ação sobre o território. A frase do líder e escritor Ailton Krenak, "pisar suavemente na terra", está na parede do meu estúdio.
Carla Juaçaba, arquiteta

Eu invento meu mundo… E cada um de vocês deve inventar o seu.
Sérgio Bernardes, arquiteto

arquitetura e cidade

Conhecimento é uma ferramenta que nos liberta, e de uma maneira muito bonita nos prepara para o desconhecido, para o amanhã. Na arquitetura não seria diferente, é o conhecimento que nos faz entender a pluralidade existente nas cidades, no outro e em tudo aquilo que é materializado ao nosso redor.

Gustavo Utrabo, arquiteto

Na minha opinião, a arquitetura se relaciona com todos os aspectos da vida humana. A disposição da sua cama, seu comportamento à mesa de jantar e até mesmo a maneira como você lava a louça e a cozinha podem ser considerados exemplos de arquitetura.

Ai Weiwei, arquiteto e artista plástico

A casa de Warchavchik encerra o ciclo de combate à velharia, iniciado por um grupo audacioso no Theatro Municipal em fevereiro de 1922.
É a despedida de uma época de fúria demonstrativa.

Oswald de Andrade, escritor

frases

Vivíamos um movimento de ocupar o espaço público e este é um vírus antiespaço público. É triste, mas também serve de alerta para repensarmos o modelo de ocupação urbana até agora.
Elisabete França, arquiteta

A arquitetura não é um assunto encerrado em si, mas o espaço onde todos nós vivemos.
Fábio Valentim, arquiteto

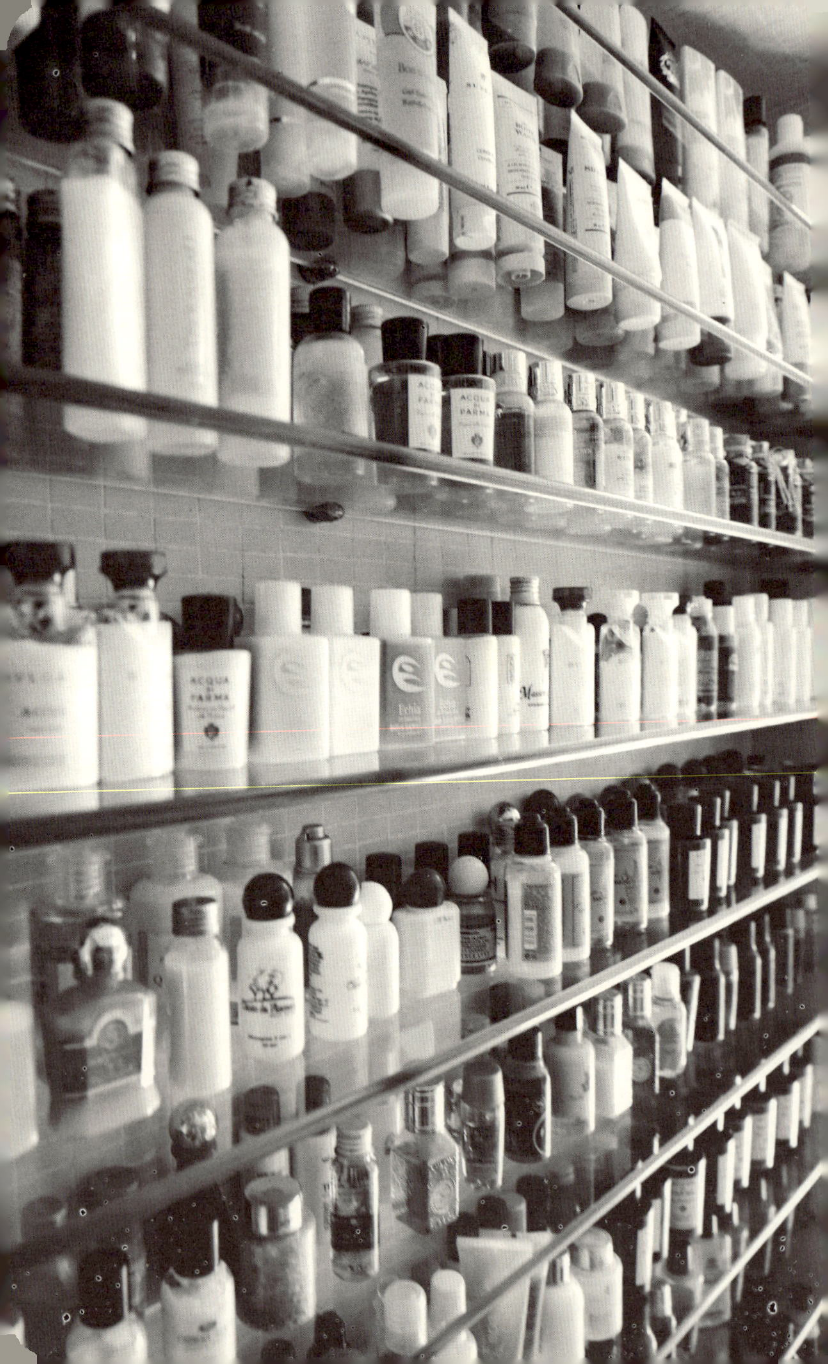
ACQUA DI PARMA
ACQUA DI PARMA
ACQUA DI PARMA
Ischia

minhas próprias palavras

Ser um bom arquiteto é parecido com ser um bom músico. Já para ter um bom escritório de arquitetura é necessário ser um ótimo maestro.

O local onde o objeto arquitetônico será implantado é música. O arquiteto é o letrista. Há música sem letra, mas não há letra sem música.

O bom projeto não precisa necessariamente ser surpreendente ou inovador, mas íntegro.

Na arquitetura, o mais importante não é o traço, o gesto ou mesmo o edifício, mas seu poder transformador.

Sociedades pobres produzem cidades semelhantes, resultado da falta de planejamento no médio e longo prazo, mau uso dos escassos recursos públicos, desrespeito a leis quanto ao uso e ocupação das áreas edificáveis e quase ou total inexistência da vocação pública ou popular de manutenção do patrimônio arquitetônico.

minhas próprias palavras

A minha geração não fez muita coisa; recuperou a arquitetura moderna que estava ali adormecida. Mas não a criou.

Casa exageradamente grande é a ostentação mais vulgar que já vi.

As pessoas são protagonistas do espaço.

A curiosidade é condição necessária para todo trabalho intelectual.

A cidade ideal deve deixar evidentes as diversas pátinas.

Sou um arquiteto integral, ou seja, um arquiteto que integra preocupações nas áreas artística, construtiva e urbanística.

Como construir uma casa que agrida o mínimo da paisagem?

frases

Procuro pensar, falar e agir da mesma forma.
Nem sempre é possível.

Me arrependo das minhas concessões.

A madeira facilita a recordação de memórias.
A madeira nos ajuda a reduzir o estresse. A madeira nos ajuda a relaxar e aumentar nossa concentração. A produção de arquitetura brasileira apresenta limitações técnicas. Nosso sistema construtivo está defasado, uma vez que ainda dependemos de mão de obra barata para empilhar tijolos.

Inovação não significa nova tecnologia.

No final das contas, as soluções podem não ser simples, mas o que queremos é muito simples.

A nossa intenção é ser um laboratório e não uma fábrica; não devemos descartar nenhum processo construtivo.

minhas próprias palavras

Eu gosto muito de saber o que motiva a pessoa a fazer o que faz. Ela foi movida a fazer isso; tem vontade e vocação. Para mim, esse é o ponto mais importante.

Arquitetura contemporânea só acontece com inovação.

A zona oeste de São Paulo é um mundo paralelo; o Brasil real não é esse.

(…) não é tão simples assim. Eu gosto muito do positivismo, eu não tenho esse positivismo todo. Eu gosto de realizar as coisas, não aprecio o que fica no plano das ideias, das vontades. Cria em mim uma frustração, uma coisa terrível.

Quem constrói a cidade é o incorporador comum.

As escolas de arquitetura deveriam abrir os olhos para outras escalas e possibilidades.
A narrativa é o mais importante.

O arquiteto resolve problemas.

frases

Antigamente, o verde e a madeira eram intuitivos para o bem-estar; hoje têm o aval da ciência.

Meus projetos são distintos para clientes distintos, topografias, paisagens e demandas diferentes.

Somos seres complexos e plurais.

A arquitetura hoje está praticamente inalterada. A única coisa que a modifica é a tecnologia; as características são influenciadas pelo clima e pela inovação. Precisamos nos envolver mais com a inovação que pode surgir de técnicas ancestrais.

É uma equação: resolver com criatividade, intuição e experiência, elementos que devem ser aplicados e integrados.

A arquitetura tem um poder transformador, não só para quem nos contrata, mas também para o entorno.

O primeiro passo é criar a linguagem.

minhas próprias palavras

Eu sempre quis ser arquiteto. Com 11 anos desenhei uma casa para ninguém, com plantas, cortes e elevações. Dúvidas são normais na vida dos jovens, mas na minha vida não existiram. Saber o que quer fazer para sobreviver já ajuda muito.

Eu frequentava Brasília desde os anos 1960 e testemunhei o crescimento da cidade. Acredito que isso foi crucial para compreender o poder transformador da arquitetura.

Acredito que a arquitetura se baseia muito na observação dos lugares, das pessoas, dos estilos de vida e dos desejos.

Eu sou alguém que projeta shopping centers bem, apesar de não gostar deles. Eles distanciam a relação com a cidade. Nem gosto de usar a expressão shopping center.

Cada projeto é um problema a ser resolvido e exige uma solução única. Nossas soluções são muito diferentes.

frases

O que tento é proporcionar às pessoas uma experiência diferente, fazer conexão do verde com a cidade de forma mais organizada. Cada vez mais criamos uma vida urbana dentro de uma bolha.

Espaço é sensação, não é m^2.

O Pinterest substituiu a revista impressa.

A inspiração da minha geração é a arquitetura modernista. Estudamos no Mackenzie ou na USP nos anos 1980, e os professores atuaram nesse período.

Encontrar alguém que pense algo novo é bastante raro.

Leve algo para a sua vida: passar muito tempo no mundo das ideias é uma perda de tempo. Abrevie as palavras, seja mais objetivo e aja mais. Assim, você se torna mais assertivo e economiza tempo, seu e dos outros.

minhas próprias palavras

Estamos comprando de uma senhora de 90 anos uma foto de 1902, da construção do metrô de Nova York na Broadway. Ao lado, estão construindo um prédio neoclássico com paredes trabalhadas, encaixadas modularmente. No Brasil, essa tecnologia do início do século passado ainda é rara.

Antes de considerar o desenho arquitetônico, é fundamental pensar na técnica construtiva.

Não quero sair da profissão sem ter deixado nada para a nova geração; quero é deixar alguma reflexão sobre o processo construtivo e de criação.

Ao abrir um leque muito amplo, não se chega a lugar algum.

Há muita sabedoria contida no vernáculo, e essa arquitetura do passado oferece ao mundo de hoje importantes lições sobre como desfrutar de uma alta qualidade de vida consumindo menos energia, por exemplo.

frases

A minha experiência de vida me ensinou que as coisas não precisam permanecer como estão: podem ser melhores. Acredito que devemos tentar retribuir algo do que recebemos, oferecendo às futuras gerações. Daí essa vontade de criar um instituto que possa ajudar a formar melhor as gerações futuras. Por isso essa preocupação com o legado que podemos deixar para os atuais e futuros profissionais.

O Instituto Arthur Casas de Arquitetura e Inovação está sendo criado para promover o pensamento e a pesquisa interdisciplinar com o objetivo de ajudar as novas gerações de arquitetos e designers a antecipar o futuro.

O foco do instituto será a inovação, a arquitetura se renova e avança em conjunto com a técnica construtiva.

A função do nosso instituto é clara: criar e estimular o desejo das novas gerações.

minhas próprias palavras

As raízes do design estão nas realidades das necessidades. Um edifício é uma resposta a uma necessidade, mas, ao traduzir essas necessidades para a dimensão física do edifício, você não consegue evitar ser influenciado por sua própria reação ao ambiente ao seu redor. Esse ambiente pode ser natural ou construído.

Tecnologia não é só o contemporâneo e é equivocado associarmos tecnologia à contemporaneidade.

O estudante de arquitetura não é educado para atender às necessidades humanas mais básicas.
O objetivo da arquitetura é gerar qualidade de vida; se entendermos essas necessidades, podemos propor uma enorme transformação para uma comunidade. E assim evidenciar abordagens aplicáveis em uma escala mais ampla.

Primeira classe de avião não é para pessoas ricas, e sim inseguras.

frases

Penso mais por imagens do que por palavras.

Estou na idade em que os planos não podem ser adiados. A idade da urgência.

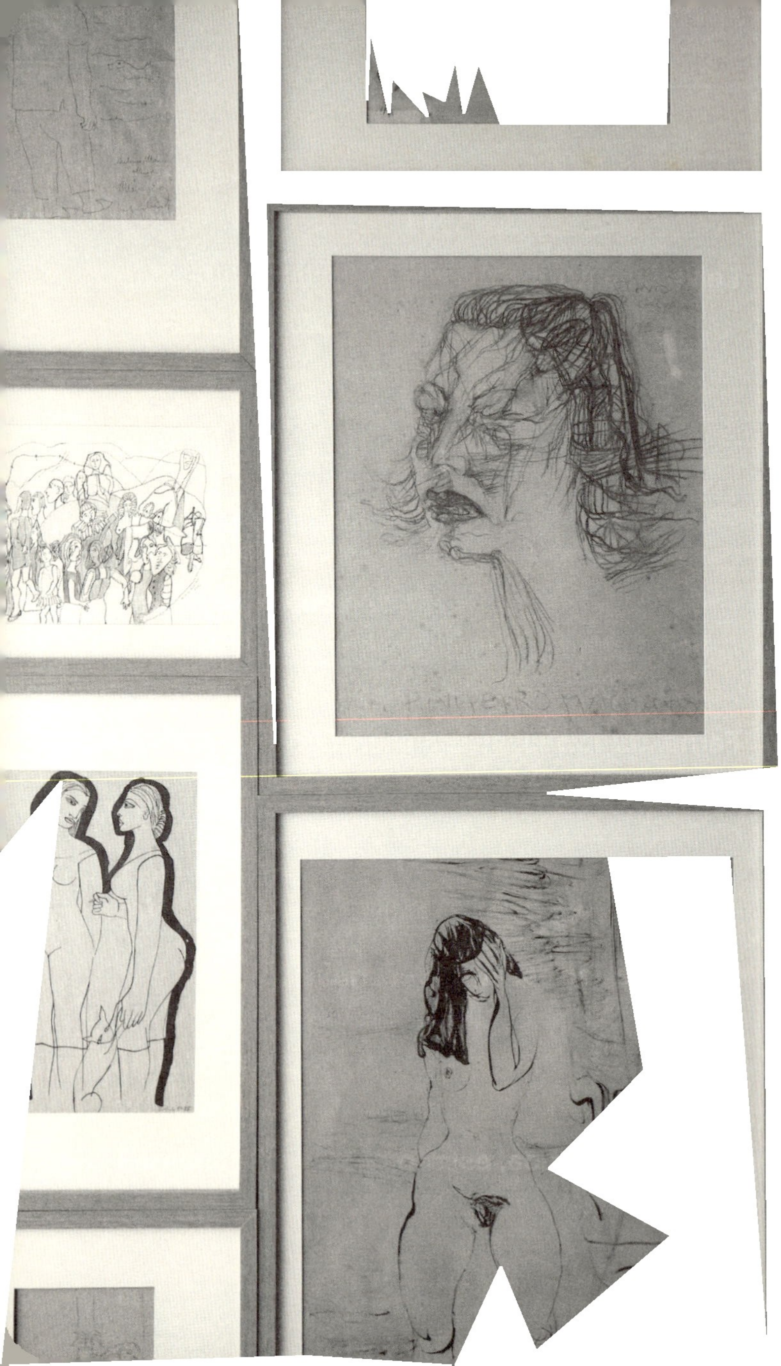

arte

A arte existe porque a vida não basta.
Ferreira Gullar, escritor

A arte é a fuga do tédio.
Nietzsche, filósofo

Técnica é aquilo que não se pode ter.
Pablo Picasso, pintor

A arte é uma mentira que nos permite conhecer a verdade.
Pablo Picasso, pintor

Se sabemos exatamente o que vamos fazer, para que fazê-lo?
Pablo Picasso, pintor

Espero que a inspiração me encontre a trabalhar.
Pablo Picasso, pintor

Os medíocres copiam, os gênios roubam.
Pablo Picasso, pintor

arte

Não se pode confundir arte com o mundo da arte. Os artistas têm preocupações históricas e estéticas com as quais o mercado não está nem aí.
Antonio Peticov, artista plástico

Se eu soubesse o que estou fazendo, não faria.
Hélio Oiticica, artista plástico

Talvez, na história da arte, nunca tenha havido um transformador tão poderoso.
Pablo Neruda, escritor, sobre Pablo Picasso

Quem não quer imitar nada, não produz nada.
Salvador Dalí, pintor

Um sonho some, e quando o sonhador acorda, não produz nada; com o meu método, eu solidifico os sonhos.
Salvador Dalí, pintor

Arte não é o que você vê, mas o que você faz os outros verem.
Edgar Degas, pintor

frases

Eu acho que a maioria dos artistas se sente muito mais feliz discutindo o processo do que faz do que tentando explicar o que isso significa. Conheço tantos pintores que dão um título às suas obras depois de terminá-las, o que já diz muita coisa.
David Bowie, cantor

Quanto maior o artista, maior a dúvida. A confiança perfeita é concedida aos menos talentosos como prêmio de consolação.
Robert Hughes, crítico de arte

A ideia não é viver para sempre; é criar algo que viverá.
Andy Warhol, artista plástico

Não é tanto de onde vem minha motivação, mas sim como ela consegue sobreviver.
Louise Bourgeois, artista plástica

Uma verdadeira obra de arte deve ser uma grande improvisação.
Wendell Castle, artista plástico e designer

arte

Se você pudesse dizer com palavras, não haveria razão para pintar.
Edward Hopper, pintor e artista gráfico

Não quero que penses como eu... Só que penses.
Frida Kahlo, pintora

A arte não reproduz o visível, ela torna visível.
Paul Klee, pintor

Para o artista, o diálogo com a natureza permanece uma condição *sine qua non*.
Paul Klee, pintor

Silêncio é observar em profundidade. O silenciar a mente não é só a fala que sai.
Leonardo da Vinci, gênio da humanidade

Fico impressionado com a urgência do fazer. O saber não é suficiente; devemos aplicá-lo. Ter disposição não é suficiente; devemos fazer.
Leonardo da Vinci, gênio da humanidade

frases

Existem três tipos de pessoas: as que veem, as que veem quando alguém lhes mostra, as que não veem.
Leonardo da Vinci, gênio da humanidade

Nada pode ser amado ou odiado antes de ser compreendido.
Leonardo da Vinci, gênio da humanidade

A minha preocupação é penetrar mais na natureza. Há artistas que se aproximam da máquina; eu quero a natureza, quero dominar a natureza. Criar com a natureza assim como outros estão querendo criar com a mecânica. Não procuro a paisagem, mas o material. Não copio a natureza.
Frans Krajcberg, artista plástico

A cultura é uma necessária compensação para a infelicidade das nossas vidas.
Michel Houellebecq, escritor

É a curiosidade que me move.
Marcel Duchamp, pintor e escultor

arte

A criação é um ato solitário.
Maria Martins, escultora

Só é meu o país que encontro em minha alma, no qual entro sem passaporte, tal como em minha casa. Ele vê minha tristeza e minha solidão. Ele me acolhe no manto de uma pedra perfumada.
Marc Chagall, pintor

Existem dois dramas: o de ser tabu e o de não ser tabu. Todo mundo diz de antemão que o que você faz é magnífico. De antemão, o que eu faço é detestável. As pessoas não veem nada do que você faz (para Picasso), nada do que eu faço. Portanto, é melhor ser um tabu – deixa você tanto em sua solidão quanto eu na minha.
Jean Cocteau, escritor e cineasta

Toda arte demanda uma teoria que a sustente.
Tom Wolfe, escritor

Espero a morte criando.
Lothar Charoux, pintor

frases

Ao longo dos anos, comprei obras [de arte] que me comoveram, falaram comigo e, por vezes, até me consolaram. Fizeram parte da minha vida.
Alain Delon, ator

Acho que sou uma invenção de mim mesmo.
Emanoel Araújo, pintor e escultor

A infância está sempre presente nas coisas que se faz.
Cândido Portinari, pintor

Eu não posso ser medíocre – ou eu marcarei uma época na arte brasileira ou então desaparecerei.
Cândido Portinari, pintor

O novo na arte, ciência ou política causa sempre incômodo aos espíritos vulgares.
Cândido Portinari, pintor

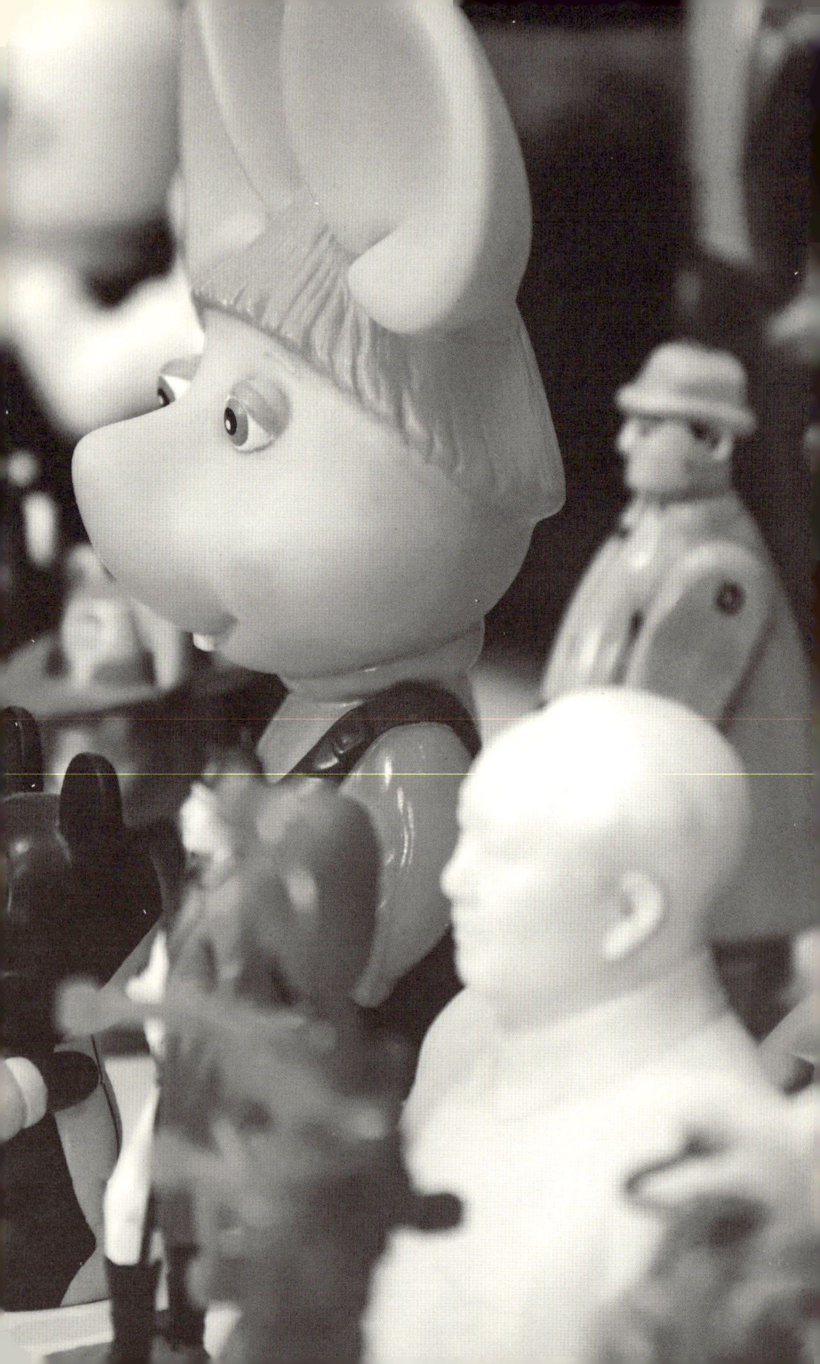

vida

O tempo é como o de uma ampulheta: no final, parece correr mais rápido.
Renzo Piano, arquiteto

É melhor criar alguma coisa que os outros criticam do que não criar nada e criticar os outros.
Ricky Gervais, comediante e roteirista

Não creio ser um homem que saiba. Tenho sido sempre um homem que busca.
Hermann Hesse, escritor

Lembra-te de que as coisas mais belas do mundo são também as mais inúteis: os pavões e os lírios, por exemplo.
John Ruskin, crítico de arte

A verdade é o que criamos.
John Lennon, cantor

Se você não pode ser elegante, ao menos seja extravagante.
Franco Moschino, designer de moda

vida

Todo o mundo tem um plano até levar um soco na cara.
Mike Tyson, atleta

Sempre que você ouvir uma pessoa falar mal de mim, entenda: eu já fui bom para essa pessoa, mas essa parte ela nunca irá contar.
Autor desconhecido

Quando você não se veste como todo mundo, não precisa pensar como todo mundo.
Iris Apfel, empresária e designer de interiores

A pessoa nasce hoje pré-cancelada. Fica todo o mundo esperando falar uma besteira para apertar um botão e cancelar. Isso assusta muito uma geração como a minha.
Murilo Benício, ator

O isolamento é fundamental. As pessoas não sabem que há uma voz que fala no silêncio e, para que se escute, é preciso estar sozinho.
Benjamín Labatut, escritor

frases

A maneira como nos apresentamos ao mundo importa. Nossas roupas expressam nossa alienação.
O orgulho, filme de Yvan Attal

Ilusões – alguém ter tido muitas e se queixar de havê-las perdido.
Gustave Flaubert, escritor

Escritor é aquela pessoa para a qual escrever é mais difícil do que é para os outros.
Thomas Mann, escritor

Se essas emoções e esses desejos, na realidade, não são mais do que algoritmos bioquímicos, não há razão para que os computadores não decifrem esse algoritmo.
Yuval Noah Harari, escritor

Em 2050, não apenas a ideia de "um emprego para a vida inteira", mas até mesmo a de "uma profissão para a vida inteira" parecerão antediluvianas.
Yuval Noah Harari, escritor

vida

Nunca subestime a estupidez humana.
Yuval Noah Harari, escritor

A maior parte de nossas opiniões é formada por pensamento comunitário e não por racionalidade individual. Adotamos essas opiniões por lealdade ao grupo.
Yuval Noah Harari, escritor

Inteligência é a aptidão para resolver problemas. Consciência é a aptidão para sentir coisas como dor, alegria, amor, raiva. Tendemos a confundir os dois porque, nos humanos e em outros mamíferos, a inteligência anda de mãos dadas com a consciência.
Yuval Noah Harari, escritor

Vivo em qualquer lugar, mas, no fundo, é sempre a partir da minha cidade e deste meu país que eu olho o mundo.
Fernanda Montenegro, atriz

frases

Melancolia é um sentimento burguês. O pobre não tem tempo para dar atenção a esse tormento.
Fernanda Montenegro, atriz

Desista, saia disso. Agora, se morrer por não estar fazendo isso, se adoecer, se ficar em tal desassossego que nem consegue dormir, aí, volte.
Fernanda Montenegro, atriz, dando dicas para um ator que está começando

O humor significa elegância, leveza e reflete uma filosofia cheia de sabedoria. O drama existencial não vai mudar o fato de que somos todos tão perecíveis quanto um pastel de palmito…
Barbara Gancia, jornalista

A simplicidade é a suprema sofisticação.
Leonardo da Vinci, gênio da humanidade

Nada pode ser amado ou odiado antes de ser compreendido.
Leonardo da Vinci, gênio da humanidade

vida

Quando os seus talentos encontram as necessidades do mundo, ali está a sua vocação.
Aristóteles, filósofo

O ignorante afirma, o sábio duvida, o sensato reflete.
Aristóteles, filósofo

O sábio nunca diz tudo o que pensa, mas pensa sempre tudo o que diz.
Aristóteles, filósofo

O que vestimos, o que ouvimos ou o que penduramos em nossas paredes é sempre um reflexo de uma expressão pessoal.
Todd Kessler, roteirista

A inspiração, seja ela o que for, nasce de um incessante não sei.
Wisława Szymborska, escritora

O luxo tem que ser confortável ou não é luxo.
Coco Chanel, empresária

frases

Raras vezes minha cabeça consegue viver no presente, pois nele não existe perfeição. Mas no futuro, há sempre mais espaço para ilusões.
Luiz Schwarcz, escritor

Apenas tento fazer o que me dá prazer, e às vezes sou bem-sucedido, e às vezes não. Não estou aqui para impor, mas para propor.
Pierre Cardin, estilista

Eu sou um elemento. Para mim, se eu não fizer o trabalho diretamente, eu sou uma terceira pessoa. É o meu nome. É a marca de minhas criações, mas não se trata mais de um ser humano.
Não posso dizer que fiz certas coisas, já que estamos falando da marca em si. A marca está numa terceira dimensão. Não é mais sobre mim.
Pierre Cardin, estilista

Ser homem é ser responsável. É sentir que colabora na construção do mundo.
Antoine de Saint-Exupéry, escritor

vida

O sucesso não acontece por acaso. É trabalho duro, perseverança, aprendizado, estudo, sacrifício e, acima de tudo, amor pelo que você está fazendo ou aprendendo a fazer.
Pelé, jogador de futebol

O talento é um presente divino, cuide bem dele.
Pelé, jogador de futebol

Não tenha medo de desistir do bom para perseguir o ótimo.
John D. Rockefeller, empresário e filantropo

O futuro é o passado melhorado.
Vinicius de Moraes, cantor e compositor

A vida é a arte dos encontros, embora haja tantos desencontros pela vida.
Vinicius de Moraes, cantor e compositor

Quando você é jovem, não tem humildade.
Lina Bo Bardi, arquiteta

Não existe ineditismo que resista a uma pesquisa bibliográfica.
Lenine, cantor

A máxima do Nelson Rodrigues é verdadeira: jovens, envelheçam. Com a idade, você aprende como as coisas são relativas, como você não domina o que deseja, como a vida te leva de roldão. Isso a juventude ainda não sabe. Então, eu acho que a calma da maturidade é uma maravilha, porque você fica realmente mais humilde em relação ao mundo.
Fernanda Torres, atriz e escritora

Os filhos têm pouco interesse pelo sofrimento dos pais, são ciosos do lugar de vítima, não gostam de abrir mão por ninguém.
Fernanda Torres, atriz e escritora

Silêncio é observar em profundidade. O silenciar a mente não é só a fala que sai.
Fernando Pessoa, escritor

vida

Fico impressionado com a urgência do fazer.
O saber não é suficiente; devemos aplicá-lo.
Ter à disposição não é suficiente; devemos fazer.
Fernando Pessoa, escritor

Obra de arte, por dispersa que seja a sua realização detalhada, deve ser sempre uma coisa una e orgânica, em que cada parte é essencial, tanto ao todo como às outras que lhe são anexas.
Fernando Pessoa, escritor

Não sou nada. Nunca serei nada. Não posso querer ser nada. À parte isso, tenho em mim todos os sonhos do mundo.
Fernando Pessoa, escritor

O Homem: cadáver adiado que procria.
Fernando Pessoa, escritor

Os campos são mais verdes no dizer-se do que no seu verdor.
Fernando Pessoa, escritor

frases

Olhamos para o mundo uma vez, na infância.
O resto é memória.
Louise Gluck, poetisa

Feliz aquele que transfere o que sabe e aprende o que ensina.
Cora Coralina, poetisa

Toda minha alma é um grito, e todo meu trabalho, o comentário sobre esse grito.
Nikos Kazantzákis, escritor

A nós que desejamos o impossível, nos cabe a invenção.
Autor desconhecido

Não entendo por que as pessoas têm medo das ideias novas. Eu tenho medo é das antigas.
John Cage, compositor

O adulto criativo é a criança que sobreviveu.
Ursula K. Le Guin, escritora

vida

A leitura, paradoxalmente, nos tira deste mundo para, ao mesmo tempo, nos colocar mais atentos a ele.
José Roberto de Castro Neves, advogado

Não sei para onde vou a partir daqui, mas prometo que não será chato.
David Bowie, cantor

Envelhecer é um processo extraordinário, em que você se torna a pessoa que você sempre deveria ter sido.
David Bowie, cantor

Faça aquilo em que você é bom, e o resto, delegue.
Steve Jobs, empresário

A democracia é a pior forma de governo, com exceção de todas as outras.
Winston Churchill, ex-primeiro-ministro do Reino Unido

frases

Eu não poderia viver sem champanhe; nas vitórias eu mereço, nas derrotas eu preciso.
Winston Churchill, ex-primeiro-ministro do Reino Unido

Manter um relacionamento é uma estratégia. Não é fácil manter a coisa viva, bonita, generosa. Você não pode ser muito natural, nem dizer muito o que pensa, porque, se assim fizer, você acaba com o relacionamento.
Monja Coen

Sucesso não é o que se dá ou recebe, mas o que você se torna.
Mary Gates, empresária

Todos têm direito às próprias opiniões, mas não aos próprios fatos.
James R. Schlesinger, economista e ex-secretário de Defesa dos Estados Unidos

vida

Não é preciso uma crença para ser moralmente superior.
Revista *Veja*, sobre religiões

Qualquer pessoa de sucesso teve muita sorte, mas, quanto mais você trabalha, mais sorte você tem.
Barack Obama, ex-presidente dos Estados Unidos

Essa ideia de pureza... de que você está sempre *woke*, sugiro que você descarte. O mundo é feito de ambiguidades. Pessoas que fazem coisas boas têm falhas.
Barack Obama, ex-presidente dos Estados Unidos

Saudades dela não tenho, nem lembranças pungentes, nada. Quando a relembro, penso num tempo meio que girando em falso, meio que transcorrendo sempre no presente, meio que sendo gerúndio, por assim dizer.
Chico Buarque, cantor e escritor

Com o tempo, aprendi que o ciúme é um sentimento para proclamar de peito aberto, no instante mesmo de sua origem. Porque, ao nascer, ele é realmente um sentimento cortês e deve ser logo oferecido à mulher como uma rosa. Senão, no instante seguinte, ele se fecha em repolho e, dentro dele, todo o mal fermenta. O ciúme é, então, a espécie mais introvertida das invejas e, mordendo-se todo, põe nos outros a culpa de sua feiura.
Chico Buarque, cantor e escritor

Aromas têm o dom de serem lembretes silenciosos, discretos, invisíveis e poderosos, sempre. [...] Perfumes bons são estradas de memória. A memória tem odor.
Leandro Karnal, escritor e professor

O que me nutre me destrói; o que desejo me desgasta, o que mais quero me mata.
Leandro Karnal, escritor e professor

Se você for infeliz em paz, você não consegue emprego.
Leandro Karnal, escritor e professor

vida

[...] Acima de tudo, saudar as coisas que não preciso comprar, os lugares que não preciso ver ou rever e me entregar à plenitude fáustica de um momento perfeito. Em resumo, depois de anos viajando para ter ou ver, quero fazer turismo de ser.
Leandro Karnal, escritor e professor

Pensei, pensei, pensei e é que palavras dizem sim, os fatos dizem não.
Gilberto Gil, cantor

Não estou conformado, mas aceito a vida como ela é.
Gilberto Gil, cantor, sobre a morte de seu filho Pedro Gil

Família é um tribunal que não tem recesso.
Mario Sergio Cortella, filósofo

Vaca não dá leite; você tem que ir lá e tirar.
Mario Sergio Cortella, filósofo

Só sei que nada sei.
Sócrates, filósofo

frases

A vida sem reflexão não merece ser vivida.
Sócrates, filósofo

Existe apenas um bem, o saber, e um mal, a ignorância.
Sócrates, filósofo

Não existe desejo sem coragem.
Nietzsche, filósofo

Todo ser humano deveria viver com a sensação da música, porque é [essa sensação] a verdadeira felicidade.
Nietzsche, filósofo

Um político divide seres humanos em duas partes: rebanho e inimigos.
Nietzsche, filósofo

A inteligência é o único meio que possuímos para dominar nossos instintos.
Sigmund Freud, psicanalista

vida

É minha intenção representar o sentimento de culpa como o mais importante problema do desenvolvimento da civilização, e demonstrar que o preço que pagamos por nosso avanço em termos de civilização é uma perda de felicidade, devido à intensificação do sentimento de culpa.
Sigmund Freud, psicanalista

Como fica forte uma pessoa quando está segura de ser amada.
Sigmund Freud, psicanalista

Existem duas maneiras de ser feliz nesta vida: uma é fingir-se de idiota e a outra é sê-lo.
Sigmund Freud, psicanalista

Quanto mais perfeito parecer por fora, mais demônios tem por dentro.
Sigmund Freud, psicanalista

Nada é tão difícil para um indivíduo quanto abdicar de um prazer que já experimentou.
Sigmund Freud, psicanalista

frases

O principal paciente que me preocupa sou eu mesmo.
Sigmund Freud, psicanalista

Quando os deuses nos querem punir, respondem às nossas preces.
Oscar Wilde, escritor

Os loucos às vezes se curam. Os imbecis nunca.
Oscar Wilde, escritor

Toda crítica é uma autobiografia.
Oscar Wilde, escritor

O ser humano não quer ser anônimo.
Costanza Pascolato, empresária

Eu acho que a morte é uma armadilha, uma traição imposta sem nos dar escolha.
Gabriel García Márquez, escritor

Estou perdendo a memória, mas, por sorte, esqueço que estou perdendo a memória.
Gabriel García Márquez, escritor

vida

Um dia você acorda e está velho. Assim, sem aviso prévio. É assustador.
Gabriel García Márquez, escritor

A vida não é a que a gente viveu, e sim a que a gente recorda, e como recorda para contá-la.
Gabriel García Márquez, escritor

Foi a primeira vez que ouvi aquela palavra que semeou na família o germe das ilusões eternas: a aposentadoria.
Gabriel García Márquez, escritor

Em qualquer relacionamento, nada acaba de repente, mas no convívio diário, nos pequenos detalhes.
Carlos de Oliveira, cantor

Como se sente ficando velho? Considerando a outra alternativa, me sinto fantástico!
Michael Caine, ator

A sabedoria só pode ser obtida sob o ponto de vista da solidão.
Escritura antiga

Lembre-se de parar de procurar a felicidade no mesmo lugar em que você a perdeu.
Paulo Coelho, escritor

Nós sempre evitamos rever os amigos da juventude para não ter que encarar testemunhas das nossas esperanças frustradas, nem a evidência do nosso próprio fracasso.
Michel Houellebecq, escritor

A ternura conjugal normal só pode ocorrer como complemento de uma sexualidade satisfeita; tem que passar necessariamente pelo capítulo sexo.
Michel Houellebecq, escritor

Viver sem leitura é perigoso; você tem que se contentar com a vida, o que pode obrigar a correr certos riscos.
Michel Houellebecq, escritor

vida

É urgente viver encantado. O encanto é a única cura possível para a inevitável tristeza.
Valter Hugo Mãe, escritor

O pior castigo pela recusa de governar é sermos governados por quem é pior que nós mesmos.
Platão, filósofo

Vive honestamente e nunca faças uma opinião muito elevada a teu respeito.
Fiódor Dostoiévski, escritor

O ser humano ainda é afetado por tudo aquilo que o relembra inequivocamente de sua natureza animal.
Rubem Fonseca, escritor

O que importa não é a realidade, é a verdade, e a verdade é aquilo em que se acredita.
Rubem Fonseca, escritor

frases

Numa revolução, é preciso ter o pessimismo da razão e o otimismo da vontade.
Antonio Gramsci, filósofo

Não é a solução dos problemas que dá a dimensão dos bons resultados no combate a uma crise, mas sim a exploração de oportunidades que ela oferece.
Peter Drucker, escritor

Sempre fui patriota. Patriotismo é quando você diz a verdade ao poder.
Spike Lee, cineasta

Sou uma pessoa em progresso. Sou muito melhor do que sempre fui.
Lobão, cantor

O cérebro humano tem dois picos de satisfação: o primeiro é comprar, e o segundo, doar.
Tal Ben-Shahar, professor

vida

Você pode enganar todas as pessoas por algum tempo; e algumas pessoas todo o tempo; mas não consegue enganar todas as pessoas por todo o tempo.
Abraham Lincoln, ex-presidente dos Estados Unidos

A coragem não é a ausência do medo, mas a capacidade de superá-lo e dominá-lo por uma vontade mais forte.
André Comte, filósofo

O fenômeno da reputação é algo delicado. Uma pessoa se ergue com uma palavra e cai com uma sílaba.
***Cosmópolis*, filme dirigido por David Cronenberg**

Amar é mudar a alma de casa.
Mário Quintana, escritor

Todos esses que aí estão, atravancando o meu caminho, eles passarão... eu passarinho!
Mário Quintana, escritor

frases

Só há um problema filosófico verdadeiramente sério: é o suicídio. Julgar se a vida merece ou não ser vivida é responder uma questão fundamental de filosofia.
Albert Camus, escritor e filósofo

Você nunca será feliz se insistir em tentar descobrir o que é a felicidade. Você nunca viverá verdadeiramente se estiver procurando o sentido da vida.
Albert Camus, escritor e filósofo

Do acompanhamento médico aflora invariavelmente o otimismo da ciência, ou será a ciência do otimismo?
Nirlando Beirão, jornalista e escritor

Não há ninguém capaz de me causar tanto embaraço como eu mesmo.
John Malkovich, ator

A vida é para quem é corajoso o suficiente para se arriscar e humilde o bastante para aprender.
Clarice Lispector, escritora

vida

O amor, em vez de dar, exige. E quem gosta de nós quer que sejamos alguma coisa que eles precisam.
Clarice Lispector, escritora

Mentir dá remorso. E não mentir é um dom que o mundo não merece.
Clarice Lispector, escritora

Pode não ser o lado dos que vencem, mas prefiro estar do lado certo.
Darcy Ribeiro, antropólogo e ex-ministro da Educação do Brasil

Os políticos e as fraldas devem ser trocados frequentemente e pela mesma razão.
Eça de Queirós, escritor

A riqueza de uma nação não está nas riquezas do governo, mas na produtividade do seu povo.
Milton Friedman, economista

frases

Estou com pressa para viver com a intensidade que só a maturidade pode dar.
Mário de Andrade, escritor e crítico de arte

Os céus nos deram duas dádivas a fim de compensar as inúmeras desventuras da vida: a esperança e o sono.
Voltaire, escritor e historiador

A tarefa da ciência é reduzir todos os mistérios a trivialidades.
Niels Bohr, físico e filósofo

Nunca diga que as estrelas estão mortas só porque o céu está nublado.
Provérbio árabe

Gosto de gente de critério, que não sente vergonha de reconhecer que não conhece algo ou que se enganou.
Mario Benedetti, escritor

A franqueza é um dos últimos graus de sofisticação.
Gregorio Kramer, designer

vida

Quando a necessidade bate na porta, a vergonha pula pela janela.
Jorge Guinle, socialite

Se melhorar um centímetro, estraga o metro.
Restaurante Casa do João, Bonito, MS

Vida longa e morte súbita.
Restaurante Casa do João, Bonito, MS

Será que o entendimento vai se apurar porque o futuro se encurta?
Maitê Proença, atriz

A vida é o que dá pra ser.
Maitê Proença, atriz

No socialismo, todos dividem a riqueza, no comunismo, todos dividem a pobreza.
No filme *Mank*, dirigido por David Fincher

A vaidade é o ponto fraco dos fortes.
Nelson Motta, jornalista e compositor

frases

Ser humilde com os humildes e altivo com os poderosos.
Nelson Motta, jornalista e compositor

As pessoas ficam procurando o amor como solução para todos os seus problemas, quando, na realidade, o amor é a recompensa por terem resolvido os seus problemas. Quem não entende isso nem encontra um amor, nem resolve seus problemas.
Norman Mailer, escritor e jornalista

A única coisa boa do Alzheimer é que todos os filmes são novos.
Paulo Francis, jornalista

Amigos profundos só os temos na nossa geração. Não envelhecemos com quem crescemos juntos.
Paulo Francis, jornalista

Ter dinheiro é fácil. Difícil é ter estilo.
Mr. Catra, cantor

vida

Para entender uma mulher, primeiro é preciso entender que não tem como.
Mr. Catra, cantor

Crie corvos e eles te arrancarão os olhos.
Provérbio espanhol

O inferno são os outros.
Jean-Paul Sartre, filósofo e escritor

Ninguém realmente entende a dor e a alegria do outro.
Franz Schubert, compositor

A vida é uma combinação de magia e macarrão.
Federico Fellini, cineasta

Sou um ateu místico.
José Simão, jornalista

Se você quer entrar para a história, faça alguma coisa acima dos seus próprios interesses.
Ciccillo Matarazzo, empresário e mecenas

frases

Desde pequeno, tive que interromper minha educação para ir à escola.
George Bernard Shaw, dramaturgo

Liberdade significa responsabilidade. É por isso que tanta gente tem medo dela.
George Bernard Shaw, dramaturgo

A pior droga que existe é a ignorância.
Fernando Gabeira, jornalista e político

Para cada problema complexo há uma solução clara, simples e errada.
Henry Louis Mencken, jornalista

Qualquer amor é um pouquinho de saúde, um descanso na loucura.
Guimarães Rosa, escritor

Sabe todas aquelas histórias que você já ouviu sobre mim? Pois é! Metade é verdade.
Ruth Escobar, atriz

vida

O mais importante é exercitar a curiosidade. Ao nos tornarmos adultos, a maioria de nós suprime em si aquela centelha curiosa típica das crianças... Devemos acordar todo dia e treinar nossa curiosidade a cada pequena ação, questionando quais mecanismos estão por trás das coisas. E não fazer isso só pelo desejo de ganhar dinheiro – os gênios ensinam que a visão criativa deve ser livre das amarras.
Walter Isaacson, biógrafo de Da Vinci, Einstein e Steve Jobs

No final a gente não é o que a gente junta, mas o que a gente espalha. A vida tem que ser pautada pela capacidade de sonhar. Quem não sonha já morreu.
Daniel Castanho, empresário

Um homem é um sucesso se pula da cama de manhã e vai dormir à noite e, nesse meio-tempo, faz o que gosta.
Bob Dylan, cantor

frases

A ideia que criamos para nós mesmos sobre o que é preciso realizar e vivenciar para aprovarmos a vida que vivemos – e, se for o caso, o medo da morte – é, na verdade, o medo de não sermos capazes de ser quem planejamos ser.

Night train to Lisbon, **filme dirigido por Bille August**

Viajamos ao nosso encontro quando voltamos a um lugar onde vivemos parte da nossa vida, por mais breve que tenha sido.

Night train to Lisbon, **filme dirigido por Bille August**

Nunca fui bom para dizer "te amo"; acho que nunca soube dizer, mesmo que sentisse; também nunca fui bom para abraçar. A vida me ensinou a ser assim. Com a velhice, a pele fica cada vez mais dura, a morte é cada vez mais doce, o anoitecer é um alívio e o coração fica cada vez mais mole. Nunca sofri a solidão, preenchi o silêncio com discos tocando, com as vozes de tudo o que lia. Meus olhos, gastos, não me deixam enxergar de longe, esbarro em tudo,

vida

derrubo tudo e, pela primeira vez, me sinto sozinho. A solidão parece ser a vitória definitiva da morte, mas ainda não quero morrer. Antes de partir, o Javier me disse que a velhice não foi feita para viver sozinho, e ele tinha razão. Neste tempo que me resta, quero ficar ao lado de quem tem as mesmas lembranças que eu, que viveu nas mesmas esperanças, sofreu as mesmas perdas. Por isso lhe escrevo, filho, para dizer que meu amor por você foi a coisa mais linda que aconteceu na minha vida, mas isso não me dá direito de colocar sobre os seus ombros o peso da minha velhice.
Um beijo muito carinhoso, como só lhe dei quando era pequeno. Seu pai.

Aos olhos de Ernesto, **filme dirigido por Ana Luíza Azevedo**

Se você não se meter com política, a política vai acabar se metendo com você.
Vladimir Lenin, político e revolucionário

frases

Se você tem uma puta insônia, tente ser guarda noturno.
Contardo Calligaris, escritor

Eu quero uma vida interessante.
Contardo Calligaris, escritor

Os dias passam lentamente, e os anos passam muito rápido.
***Coração mudo*, filme dirigido por Bille August**

O Oriente, para virar médio, tem que melhorar muito.
Bussunda, humorista

Viver faz mal à saúde: envelhece, cria rugas, dá reumatismo, ataca os rins, o fígado e o coração.
Fernando Sabino, escritor

A vida não é uma batalha entre o ruim e o bom, mas entre o ruim e o pior.
Joseph Brodsky, escritor

vida

Uma das poucas coisas boas sobre envelhecer é nos tornarmos pragmáticos. Não procuramos mais significados. Procuramos apenas as palavras, ou o sono, ou o motivo para estar olhando para uma gaveta aberta. E não nos preocupamos mais com o futuro; nós apenas desejamos que o presente não acabe. O coração e a mente finalmente se alinham.
Coda, filme dirigido por Sian Heder

O maior dom, o que realmente destaca alguém, é a capacidade de sentir.
Coda, filme dirigido por Sian Heder

Não é o mais forte que sobrevive nem o mais inteligente, mas o que melhor se adapta às mudanças.
Charles Darwin, naturalista e geólogo

A ignorância frequentemente gera mais confiança do que conhecimento.
Charles Darwin, naturalista e geólogo

frases

Mandar é obrigar, e governar é persuadir.
Juan Domingo Perón, ex-presidente da Argentina

Só existem duas opções: ficar velho ou morrer jovem.
George Clooney, ator

Deixe a água levar o passado.
Provérbio japonês

Minha querida, eu não tenho idade. Eu tenho vida.
Paulinho da Viola, cantor e compositor

Quero ser enterrada de bruços para que o povo me reconheça.
Rita Cadillac, dançarina e cantora

A vida é sua, estrague-a como quiser.
Antônio Abujamra, diretor de teatro

vida

A maioria das pessoas prefere a segurança porque não confiam que merecem ou podem ter algo a mais na vida!
Naná Vasconcelos, músico

Eu nunca saí do Brasil, eu só estava morando fora.
Naná Vasconcelos, músico

O amor por princípio, a ordem por base e o progresso por fim.
Auguste Comte, filósofo

Eu cato papel, mas não gosto. Então eu penso: faz de conta que estou sonhando.
Carolina Maria de Jesus, escritora

[Ingmar] Bergman se propõe a sondar não só um casamento em declínio, mas a complexa teia de sentimentos, expectativas e obrigações que conecta um casal, às vezes não rompida nem mesmo pelo divórcio.
Revista *Veja* sobre *Cenas de um casamento*, filme dirigido por Ingmar Bergman

Acabara a fase em que ambos [pais] passavam todo o tempo tentando inutilmente evitar que eu sofresse os males aos quais estão expostos todos os seres humanos.
Elena Ferrante, escritora

Viver é desenhar sem borracha.
Millôr Fernandes, desenhista e humorista

Como são admiráveis as pessoas que nós não conhecemos.
Millôr Fernandes, desenhista e humorista

Sim, do mundo nada se leva. Mas é formidável ter uma porção de coisas a dizer adeus.
Millôr Fernandes, desenhista e humorista

O Brasil tem um imenso passado pela frente.
Millôr Fernandes, desenhista e humorista

De todas as taras sexuais, não existe nenhuma mais estranha do que a abstinência.
Millôr Fernandes, desenhista e humorista

vida

Quem lê sabe ficar em silêncio e estar sozinho.
Alejandro Zambra, escritor

A primeira coisa é ser humilde com a sua criatividade e gentil com seu sucesso. Uma vida muito longa, repleta de muito amor para compartilhar, saúde para sobrar e amigos para cuidar.
Quincy Jones, produtor musical e compositor

O ego é geralmente uma insegurança disfarçada. Eu acho que devemos sonhar alto o bastante para que não haja ego. Porque nunca realizamos todos esses sonhos.
Quincy Jones, produtor musical e compositor

O fanatismo e a inteligência nunca moram na mesma casa.
Ariano Suassuna, escritor

O otimista é um tolo. O pessimista, um chato. Bom mesmo é ser um realista esperançoso.
Ariano Suassuna, escritor

frases

Morrer rico é morrer desonrado.
Andrew Carnegie, empresário e filantropo

Todos os náos que a vida nos dá também nos levam aonde queremos ir.
Elisa Hoeppers Casas, professora de ioga e perfumista

Você se veste para que sua alma seja conhecida antes do seu corpo.
Elisa Hoeppers Casas, professora de ioga e perfumista

A maturidade começa quando o drama acaba.
Clarissa Schneider, redatora

Morrer se necessário, matar nunca.
Marechal Cândido Rondon, sertanista e militar

Não há abismo em que o Brasil caiba.
Jorge Mautner, escritor e cantor

vida

A única coisa que não muda é que tudo muda.
Heráclito, filósofo

Viver é envelhecer, nada mais.
Simone de Beauvoir, escritora

Tempos difíceis criam homens fortes, homens fortes criam tempos fáceis. Tempos fáceis criam homens fracos, homens fracos criam tempos difíceis.
Provérbio oriental

Ninguém faz festa porque a vida é boa. Faz porque não é.
Luiz Antônio Simas, escritor e professor

Eu falei que era simples, não falei que era fácil.
Ronald Reagan, ex-presidente dos Estados Unidos

As identidades humanas são associadas a seis grandes dimensões: gênero, religião, classe, raça, nacionalidade e cultura.
Kwame Appiah, filósofo

Você pode saber o que disse, mas nunca o que o outro escutou.
Jacques Lacan, psicanalista

Uma autobiografia é um obituário em forma de seriado, ao qual falta o último capítulo.
Quentin Crisp, escritor

Graças à impermanência, tudo é possível... Se um grão de milho não for impermanente, nunca pode ser transformado em um talo de milho.
Thich Nhat Hanh, monge budista

Ignorância é quando a gente não sabe, estupidez é quando a gente não quer saber.
Roberto da Matta, antropólogo

A morte é aquilo que faz a vida ser valorizada.
Roberto da Matta, antropólogo

Amigo é aquele que sabe tudo a seu respeito e, mesmo assim, ainda gosta de você.
Kin Hubbard, humorista

Exige muito de ti e espera pouco dos outros.
Assim evitarás muitos aborrecimentos.
Confúcio, filósofo

Nós sofremos mais na imaginação do que na realidade.
Sêneca, filósofo

A força não vem da capacidade física, ela vem de uma vontade inabalável.
Mahatma Gandhi, advogado e líder espiritual

São necessários dois anos para aprendermos a falar e sessenta para aprendermos a calar.
Ernest Hemingway, escritor

Você não pode escapar de si mesmo mudando de um lugar para outro.
Ernest Hemingway, escritor

Se Deus existir, eu volto para te contar. Se não voltar, é porque Ele não existe.
Fábio Porchat, humorista

frases

O escritor Gary Chapman identificou cinco formas através das quais as pessoas expressam e recebem as manifestações de amor: palavras de afirmação; tempo de qualidade; presentes; toque físico; atos de serviço.
Arthur Casas citando Gary Chapman

Todas as famílias felizes são parecidas; cada família infeliz é infeliz a seu próprio modo.
Liev Tolstói, escritor

Chorava a sua impotência, a sua terrível solidão, a crueldade dos homens, a crueldade de Deus, a ausência de Deus.
Liev Tolstói, escritor

O errado não deixa de ser errado porque a maioria o compartilha.
Liev Tolstói, escritor

Não existe grandeza onde não há simplicidade, bondade e verdade.
Liev Tolstói, escritor

vida

É difícil encontrar a felicidade dentro de si.
Mas é impossível encontrá-la em outro lugar.
Arthur Schopenhauer, filósofo

Nada é mais assustador do que um marido e uma mulher que se odeiam.
August Strindberg, dramaturgo

A morte não é um acontecimento ao qual a gente possa se acostumar.
Rodrigo García, cineasta

Uma boa história sempre supera a verdade. Uma boa história é a verdade.
Rodrigo García, cineasta

Recordo que meu pai dizia que todos nós temos três vidas: a pública, a privada e a secreta.
Rodrigo García, cineasta, falando sobre o pai, o escritor Gabriel García Márquez

frases

Os filhos estão entre as aquisições mais caras que o consumidor médio pode fazer ao longo de sua vida.
Zygmunt Bauman, sociólogo

Há dois valores essenciais que são absolutamente indispensáveis para uma vida satisfatória, recompensadora e relativamente feliz.
Um é segurança e o outro é a liberdade.
Zygmunt Bauman, sociólogo

Essa geração foi criada para acreditar que todos os caminhos para a felicidade são através de compras.
Zygmunt Bauman, sociólogo

Deus, tende piedade dos medíocres!
***Amadeus*, filme dirigido por Miloš Forman**

A mente é um lugar em si mesma, e em si mesma pode fazer do céu um inferno, e do inferno, um céu.
John Milton, escritor

vida

Vivi uma vida longa e passei por vários problemas.
Muitos dos quais nunca aconteceram.
Mark Twain, escritor

É feliz quem tem o corpo são, é forte, boa sorte
e alma bem formada.
Tales de Mileto, filósofo

Quem se esculhamba sabe esculhambar os outros
e até as coisas.
Oswald de Andrade, escritor

Todas as religiões são idiotas.
Woody Allen, cineasta

O inferno é o gosto dos outros.
Woody Allen, cineasta

O mundo, um dos meus locais menos preferidos.
Woody Allen, cineasta

frases

O que quer que aconteça com minha obra depois que eu partir é totalmente irrelevante para mim.
Woody Allen, cineasta

A vida é feita de solidão, miséria, sofrimento, infelicidade e, ainda assim, é muito curta.
Woody Allen, cineasta

Qualquer experiência humana, amor ou ódio, o que quer que seja, acontece apenas dentro de você.
O amor não é um relacionamento.
Um relacionamento é uma coisa diferente.
O amor é uma certa doçura da sua emoção.
Sadhguru, iogue e escritor

Você é um pop-up neste planeta. Você surge como um pop-up e some.
Sadhguru, iogue e escritor

O sucesso não chega até você porque você o quer.
O sucesso vem porque você faz as coisas certas.
Sadhguru, iogue e escritor

vida

Amor não é o que você faz. Amor é o que você é.
Sadhguru, iogue e escritor

Há apenas um problema no planeta: alguns seres humanos desagradáveis. Tudo o mais aqui é fantástico.
Sadhguru, iogue e escritor

A raiva é a punição que você dá a si mesmo pelo erro dos outros.
Sadhguru, iogue e escritor

Suas opiniões são um muro, não só para os outros, mas também para você mesmo. Uma mente fechada significa possibilidades fechadas.
Sadhguru, iogue e escritor

Os melhores anos de uma vida são aqueles que ainda não foram vividos.
Victor Hugo, escritor

O longo hábito de pensar que uma coisa não é errada lhe confere a aparência superficial de ser certa.
Thomas Paine, escritor e filósofo

Quando os homens são éticos, as leis são desnecessárias. Quando os homens são corruptos, as leis são inúteis.
Thomas Jefferson, ex-presidente dos Estados Unidos

Não é fácil se manter relevante.
Luiza Possi, cantora

O dinheiro não traz felicidade. A felicidade é que traz dinheiro.
Nizan Guanaes, empresário

O tempo mudou. Antigamente, a propaganda era a alma do negócio. Hoje é a estratégia.
Nizan Guanaes, empresário

Amor e amizade são investimentos sem garantia de retorno.
Nizan Guanaes, empresário

A sinceridade economiza o tempo de todo mundo.
Alex Jr., influenciador digital

vida

A história deve ter um começo, um meio e um fim, mas não necessariamente nessa ordem.
Jean-Luc Godard, cineasta

Visão sem ação é sonho. Ação sem visão é um pesadelo.
Provérbio chinês

Bom, gente, esta foi a minha vida, e eu aproveitei. É, aproveitei. Não sinto vergonha nenhuma. Minha vida sempre foi um livro aberto, então não tenho nada a esconder. Tchau, tchau. Amem em abundância para alimentar a alma.
Louis Armstrong, músico

Lembre-se: hoje é o amanhã sobre o qual você se preocupou ontem.
Dale Carnegie, escritor

Toda alma doente precisa de um corpo são.
Haruki Murakami, escritor

frases

O vento é o mesmo, mas sua resposta é diferente em cada folha.
Cecília Meireles, escritora

A felicidade é a bateria da vida.
Jairo Hoeppers, artesão

O sucesso é algo subjetivo, que tem mais valor para quem está de fora.
Alejandro G. Iñárritu, cineasta

Se você fica neutro em situações de injustiça, você escolhe o lado do opressor.
Desmond Tutu, arcebispo

Se sou amado, quanto mais amado, mais correspondo ao amor. Se sou esquecido, devo esquecer também. Pois o amor é feito espelho: tem que ter reflexo.
Pablo Neruda, escritor

É preciso ter amigos. Mas poucos.
Tarso de Castro, jornalista

vida

Grandes homens nunca se sentem grandes; homens pequenos nunca se sentem pequenos.
Provérbio chinês

Não há punição mais demoníaca do que estar em uma sociedade e passar totalmente despercebido.
William James, filósofo e psicólogo

As relações são estranhas. Quer dizer, você passa um tempo com uma pessoa, comendo, dormindo, vivendo e amando, conversando com ela, indo a lugares e, um dia, tudo acaba.
Charles Bukowski, escritor

O amor é uma espécie de preconceito. A gente ama o que precisa, ama o que faz a gente se sentir bem, ama o que é conveniente.
Charles Bukowski, escritor

Qualquer um pode ter, mas ser não é para qualquer um.
Mãe Solange, ialorixá, mãe de santo

frases

Nós não somos fazedores de história. Nós somos feitos pela história.
Martin Luther King Jr., político e ativista dos direitos humanos

Se não posso fazer grandes coisas, posso fazer pequenas coisas de maneira grandiosa.
Martin Luther King Jr., político e ativista dos direitos humanos

Se você quer um inimigo, é só dizer o que pensa.
Martin Luther King, político e ativista dos direitos humanos

A natureza não faz milagres, faz revelações.
Carlos Drummond de Andrade, escritor

Faça o bem, fale o bem, pense o bem.
Sidarta Gautama – Buda, filósofo

vida

Você não compra com dinheiro. Compra com o tempo de sua vida que gastou para ter esse dinheiro. Mas o tempo da vida não se repõe. A vida é uma aventura.
José Pepe Mujica, ex-presidente do Uruguai

Transformamos as pessoas em consumidores, não em cidadãos.
José Pepe Mujica, ex-presidente do Uruguai

A vida é muito curta para ser pequena.
Benjamin Disraeli, ex-primeiro-ministro britânico

Ela nunca foi um bom exemplo, mas era gente boa.
Rita Lee, cantora, para seu epitáfio

O Brasil repetiu de ano.
Rita Lee, cantora

Lute contra a nostalgia. É o vício do exilado.
Isabel Allende, escritora

frases

De tempos em tempos, um homem se ergue no mundo, ostenta sua fortuna e proclama: sou eu! Sua glória dura o lapso de um sonho interrompido. A morte se ergue e proclama: sou eu.
Jean de La Bruyère, pensador

Sejamos francos: não existe ditador mais sanguinário que o povo; somente a mão severa, porém justa, do líder consegue moderar o seu furor.
Giuliano da Empoli, escritor

Sempre haverá decepcionados, frustrados, perdedores, em todas as épocas e sob qualquer regime. Stálin havia entendido que a raiva é um dado estrutural. Dependendo do período, ela diminui ou aumenta, mas nunca desaparece. Ela é uma das correntes profundas que regem a sociedade.
Giuliano da Empoli, escritor

De tanto querer ficar jovem, acabamos envelhecendo mal.
Giuliano da Empoli, escritor

vida

Houve um tempo em que Deus via e registrava tudo até o Juízo Final. Ele era o arquivista supremo. Agora a máquina tomou seu lugar. Sua memória é infinita, sua capacidade de tomar decisões é infalível. Falta-lhe a imortalidade e a ressurreição, mas chegaremos lá.
Giuliano da Empoli, escritor

O problema não é que o homem seja mortal, mas que ele seja repentinamente mortal.
Mikhail Bulgakov, escritor e dramaturgo

Somos um povo que berra o insulto e sussurra o elogio.
Nelson Rodrigues, dramaturgo

Jovens, envelheçam!
Nelson Rodrigues, dramaturgo

Dinheiro compra até amor de verdade.
Nelson Rodrigues, dramaturgo

Mintam, mintam por misericórdia.
Nelson Rodrigues, dramaturgo

frases

Aprendi a ser o máximo possível de mim mesmo!
Nelson Rodrigues, dramaturgo

O grande acontecimento do século foi a ascensão fulminante e espantosa do idiota.
Nelson Rodrigues, dramaturgo

Só a vaia consagra.
Nelson Rodrigues, dramaturgo

Para onde vão os nossos silêncios quando deixamos de dizer o que sentimos?
Mafalda, de Quino, cartunista

A vida é uma comédia. Devemos representá-la com seriedade.
Alexandre Kojève, filósofo

Não há segredos para o sucesso. É o resultado de preparação, trabalho duro e aprendizado com o fracasso.
Colin Powell, político e diplomata

vida

Sem tesão não há solução.
Roberto Freire, advogado e político

Meu calcanhar de Aquiles sempre foi a beleza... Um mundo sem beleza não é um mundo que eu gostaria de viver.
***The white lotus,* série dirigida por Mike White**

Não tenho medo de morrer, tenho pena.
Chico Anysio, humorista

O homem que ri se liberta. O homem que faz rir se esconde.
Aníbal Machado, escritor e jogador de futebol

O que atormenta não é deixar a vida, mas deixar o que lhe dá sentido.
Raymond Radiguet, escritor

A pior prisão do mundo é uma casa sem paz. Seja cauteloso com quem você se casa ou se apaixona.
Johnny Depp, ator

frases

O amor é isso: duas solidões que se protegem, se tocam, se acolhem.
Rainer Maria Rilke, escritor

Só se pode copiar quem se ama.
Igor Stravinski, compositor e musicista

A democracia é um erro estatístico porque, na democracia, quem decide é a maioria, e a maioria é formada por imbecis.
Jorge Luis Borges, escritor

As pessoas deviam ser crianças até a morte.
David Drew Zingg, fotógrafo e jornalista

A mãe é o maior inimigo do homem.
Ziraldo, cartunista

A sorte fica do lado daquele que ousa.
Virgílio, poeta romano

vida

A melhor coisa que você pode fazer por seu filho
é prepará-lo para o presente, não para o futuro.
Ziraldo, cartunista

Depois de certa idade, o homem da cintura para
cima é poesia; da cintura para baixo, prosa.
Zózimo Barroso do Amaral, jornalista

Antes à tarde do que nunca.
Zózimo Barroso do Amaral, jornalista

Na minha opinião, a explicação mais simples
é que Deus não existe. Ninguém criou o universo e
ninguém governa nosso destino.
Stephen Hawking, físico

As escolas oferecem apenas uma estrutura elementar,
onde a rotina de decoreba, equações e provas pode
indispor os jovens contra a ciência. A maioria das
pessoas responde a uma compreensão qualitativa,
e não quantitativa, sem a necessidade de equações
complicadas.
Stephen Hawking, físico

Então, o que é autobiográfico nas minhas histórias? O que é imaginado? Tudo é autobiográfico: não há história que não seja confessional.
Amos Oz, escritor

Eu fui uma criança curiosa. Quase toda criança é curiosa. Mas pouca gente continua a ser curiosa em sua idade adulta e em sua velhice.
Amos Oz, escritor

A curiosidade é condição necessária, até mesmo a primeira das condições, para todo o trabalho intelectual ou científico.
Amos Oz, escritor

O conflito do século XXI é entre os fanáticos e nós.
Amos Oz, escritor

Uma mentira dita mil vezes torna-se verdade.
Joseph Goebbels, político alemão

vida

Algumas vezes você tem que fazer algo imperdoável apenas para ser capaz de continuar vivendo.
Carl Gustav Jung, psiquiatra

Só acreditaria em socialismo no dia em que todos pudessem morar em Ipanema.
Tom Jobim, cantor e compositor

Sucesso no Brasil é ofensa pessoal.
Tom Jobim, cantor e compositor

O Brasil não é coisa para principiantes.
Tom Jobim, cantor e compositor

Um explorador é alguém que viaja para lugares onde ninguém jamais esteve, a fim de descobrir o que existe lá.
Cambridge Dictionary

Empresas sem problemas podem não estar se expandindo.
Ricardo Basaglia, colunista

Um grande homem é rigoroso consigo mesmo; um homem pequeno é rigoroso com os outros.
Lao Tzu, filósofo

As coisas sabem quando devem acontecer.
David Mourão-Ferreira, escritor

O radicalismo de qualquer ideologia leva ao crime.
Eugène Ionesco, escritor e dramaturgo

O sol deveria ter vergonha de nascer neste lugar.
Sobrevivente de campo nazista

Sou do tempo do foda-se com PH.
Dercy Gonçalves, atriz

Os covardes morrem várias vezes antes da sua morte.
William Shakespeare, escritor

Mantenha a cabeça erguida na falha e a cabeça abaixada no sucesso.
Maye Musk, modelo, nutricionista e mãe de Elon Musk

vida

Fique longe das pessoas negativas. Elas têm um problema para cada solução.
Albert Einstein, cientista

Loucura é querer resultados diferentes fazendo tudo igual.
Albert Einstein, cientista

Somos arquitetos do nosso próprio destino.
Albert Einstein, cientista

Criatividade é a inteligência se divertindo.
Albert Einstein, cientista

O africano não deu contribuições para o Brasil, o africano ajudou a formar o Brasil.
Alberto da Costa e Silva, diplomata e poeta

Envelhecer deixa a gente cínico.
Volker Schlöndorff, cineasta

Nunca pensei em suicídio. Em homicídio, várias vezes.
Angela Ro Ro, cantora

Se o ser humano pudesse se elevar ao nível de uma samambaia, o mundo estaria bem melhor.
Angela Ro Ro, cantora

Todo o amor que eu amei, no fundo, eu dediquei a mim e a mais ninguém.
Angela Ro Ro, cantora

Não sou inteligente. Finjo que sou.
Tônia Carrero, atriz

Não tenho tido tempo para envelhecer.
Tônia Carrero, atriz

Já olhei para a vida de ambos os lados, da vitória e da derrota, e ainda assim, de alguma forma, é das ilusões da vida que me lembro. Eu realmente não conheço a vida.
Joni Mitchell, cantora

O amor é apenas um truque sujo em que a natureza nos faz cair para assegurar a perpetuação da espécie.
W. Somerset Maugham, dramaturgo

vida

Um banco é um estabelecimento que nos empresta um guarda-chuva num dia de sol e o pede de volta quando começa a chover.
Robert Frost, escritor

Boas cercas fazem bons vizinhos.
Robert Frost, escritor

A necessidade de reconhecimento é a falha trágica da espécie, sem a qual não se reconhece a natureza humana.
Luiz Zanin Oricchio, jornalista e psicanalista

Ninguém pode fazer você se sentir inferior sem o seu consentimento.
Eleanor Roosevelt, ex-primeira-dama dos Estados Unidos

Certas pessoas têm a necessidade de emitir sua opinião a qualquer custo para se sentirem reconhecidas.
Paula Peron, psicanalista

frases

Meu privilégio era o de ter conhecido a vida sem privilégio.
Édouard Louis, escritor

A gente é movida pelo desconforto, a gente precisa estar desconfortável.
Maria Fernanda Cândido, atriz

A vida só gosta de quem gosta dela.
Braguinha, compositor

Luz, mais luz.
Últimas palavras de Goethe, escritor

Um conservador não dispõe de princípios que lhe permitam "trabalhar com pessoas cujos valores sejam diferentes dos seus próprios valores..."
Friedrich Hayek, economista

Bebo para tornar as outras pessoas interessantes.
George Jean Nathan, editor

vida

Conservadores de costumes e a esquerda de simpatias *woke* se aproximam. Ambos têm uma doutrina moral a seguir.
Fernando Schüler, filósofo e professor

Quem possui a habilidade de ver a beleza, nunca envelhece.
Franz Kafka, escritor

O sentido da vida é que ela termina.
Franz Kafka, escritor

Quando eu bebia, tinha memória. Agora eu tenho amnésia abstêmia.
Jaguar Wright, cantora

Avalia-se a inteligência de um indivíduo pela quantidade de incertezas que ele pode suportar.
Immanuel Kant, filósofo

Não seríamos quem somos hoje sem as calamidades de nossos ontens.
Salman Rushdie, escritor

frases

A religião, uma forma medieval de irracionalidade, quando combinada ao arsenal de armas moderno, torna-se uma real ameaça às nossas liberdades.
Salman Rushdie, escritor

As ações dos homens são as melhores intérpretes de seus pensamentos.
James Joyce, escritor

O futuro não é mais como costumava ser.
Paul Valéry, filósofo

A imaturidade não tem idade. Isso é uma falácia.
Marcelo Tas, apresentador

Nada é para sempre neste mundo; nem mesmo os nossos problemas.
Charlie Chaplin, ator

A coisa mais triste que posso imaginar é se acostumar com a luxúria.
Charlie Chaplin, ator

vida

Por que viajamos? O que estamos buscando? Cada um de nós terá suas próprias razões. Talvez seja simplesmente para descobrir novas terras, aprender sobre culturas estrangeiras ou admirar a fauna selvagem que valorizamos, mas não podemos ver em casa. Talvez seja algo mais profundo: desafiar nossas percepções ou tirar-nos da nossa zona de conforto.

Reza Pakravan, explorador profissional e produtor de TV

Exploradores são contadores de histórias, que descobrem e depois relatam novas histórias, transformando a compreensão que os outros têm do mundo.

Reza Pakravan, explorador profissional e produtor de TV

Nós somos porque eles foram.

Jorge Nasser, cantor

frases

Sem que o espírito feminino colabore com o masculino na elaboração da lei, ela nunca será justa nem completa.
Frase na fachada do edifício onde viveu Manuela Malasaña, da escritora María de la O Lejárraga

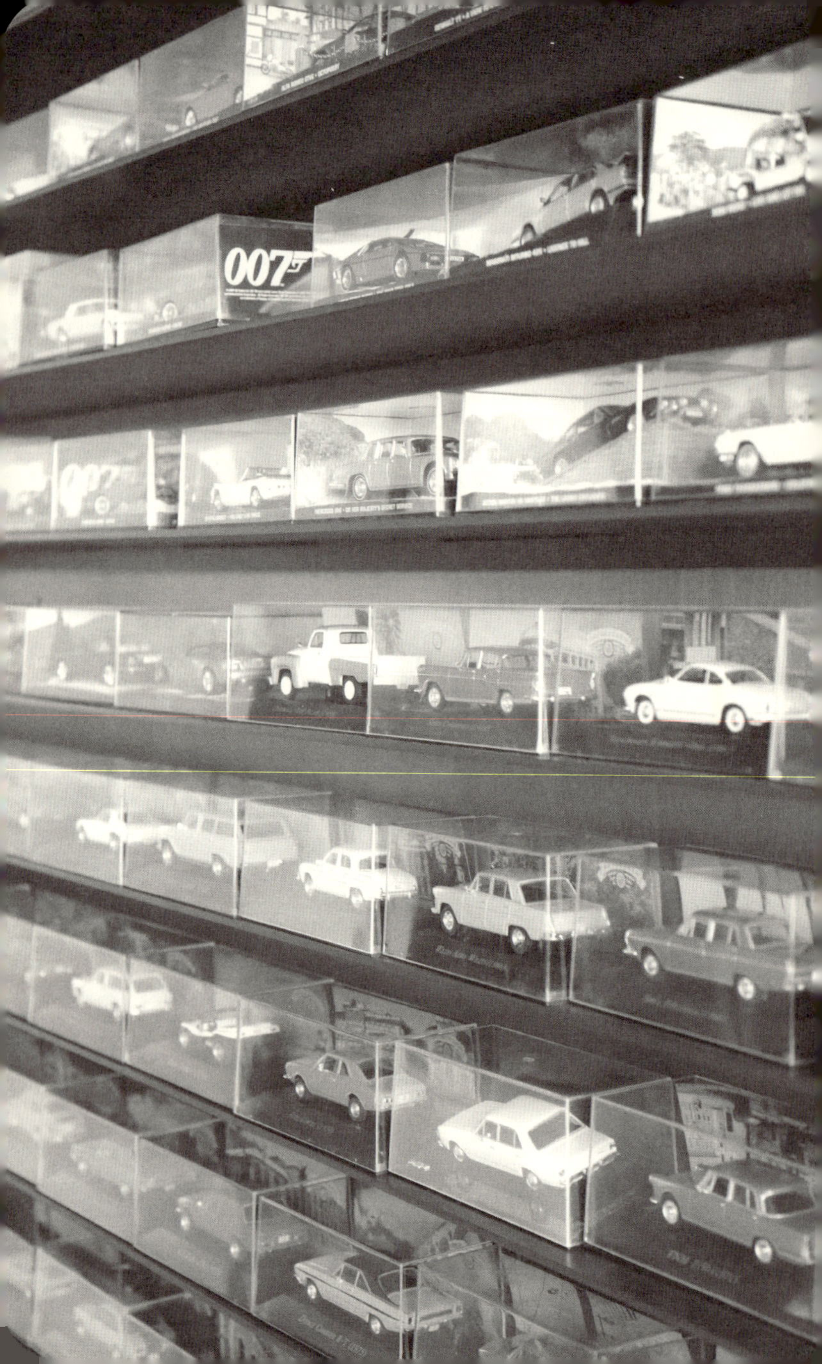
007

meio ambiente

Um modelo sustentável tem que ser do ponto de vista econômico, social, ambiental, cultural, político, ético e até mesmo estético.
Marina Silva, política e ambientalista

As florestas temperadas têm maior capacidade regenerativa que as tropicais quando suprimida sua vegetação.
P.W. Richards, botânico

O desmatamento resulta da tolerância com práticas ilegais, cuja utilidade social e econômica é praticamente nula e que comprometem o futuro do Brasil, não só como potência ambiental, mas também como território onde povos tradicionais – permanentemente agredidos pela ameaça às suas terras – guardam e valorizam um patrimônio cultural extraordinário.
Ricardo Abramovay, economista e professor

meio ambiente

Se achamos que o nosso objetivo aqui, na nossa rápida passagem pela Terra, é acumular riquezas, então não temos nada a aprender com os índios. Mas, se acreditamos que o ideal é o equilíbrio do homem dentro da sua própria família e comunidade, então os índios têm lições extraordinárias para nos dar.
Cláudio Villas-Bôas, indigenista

A ideia de nós, os humanos, nos deslocarmos da terra, vivendo numa abstração civilizatória, é absurda. Ela suprime a diversidade, nega a pluralidade das formas de vida, de existência e de hábitos.
Ailton Krenak, filósofo e ambientalista

O futuro é ancestral.
Ailton Krenak, filósofo e ambientalista

Para os indígenas do Parque do Xingu, cultura e natureza são apenas nomes distintos... mas fazem parte de uma única identidade.
Gustavo Utrabo, arquiteto

frases

Um perigo mais imediato de a raça humana ser dizimada é a mudança climática descontrolada. Uma elevação na temperatura do oceano derreteria as calotas polares e causaria a liberação de grandes quantidades de dióxido de carbono. Ambos os efeitos poderiam deixar nosso clima como o de Vênus, com uma temperatura de 250 ºC.

Stephen Hawking, físico

Nós não estamos em contato com um povo de cultura primitiva, nem em contato com um povo de cultura paralela. Estamos tendo a oportunidade de viver com uma outra humanidade, com uma outra ética, outra moral, outra visão de mundo.

Claude Lévi-Strauss, antropólogo

Penso na perigosa situação da Amazônia... A crise ambiental está intimamente ligada a uma crise social.

Papa Francisco, chefe supremo da Igreja Católica

meio ambiente

Para ativar a bioeconomia, devemos associar as biotecnologias verdes já disponíveis aos conhecimentos ancestrais sobre os princípios ativos das plantas medicinais. A primeira garante a valorização da biodiversidade, e o segundo, a bioprodução local, a fim de que parte significativa do lucro fique no Brasil.

Mario Christian Meyer, médico e ambientalista

Não há nada mais instável do que o conceito de natureza, porque ele varia conforme o repertório de cada indivíduo.

Bruno Latour, antropólogo e sociólogo

Talvez a lição mais importante trazida pela arqueologia amazônica nas últimas décadas tenha sido mostrar que não existe, na região, nenhuma barreira natural à ocupação humana.

Eduardo Góes Neves, arqueólogo

Para os yanomamis, saber sonhar é saber ver, ver o invisível.

Renato Sztutman, antropólogo

frases

Os brancos, ele repete, são aqueles que só sonham consigo mesmos, que dormem em estado de espectro, como um machado no chão. Pesados, presos às próprias histórias pessoais, eles não viajam longe, não fazem do sonho um instrumento de conhecimento sobre o mundo.

Renato Sztutman, antropólogo, a respeito da fala do líder indígena Davi Kopenawa

Descolonizar o inconsciente é liberar a potência de criação de novas formas de existência, de pensar, de sentir e de se relacionar.

Suely Rolnik, filósofa

País em que as estações se confundem umas com as outras; onde a vegetação inextricável torna-se disforme; país onde o sangue mistura-se a tal ponto que a alma perdeu seus limites [...]; é o país da indiferença e da exaltação. Não adianta o arranha-céu, ele ainda não conseguiu vencer o espírito da floresta, a imensidão, a melancolia. São os sambas, os verdadeiros, que exprimem o que quero dizer.

Albert Camus, escritor e filósofo

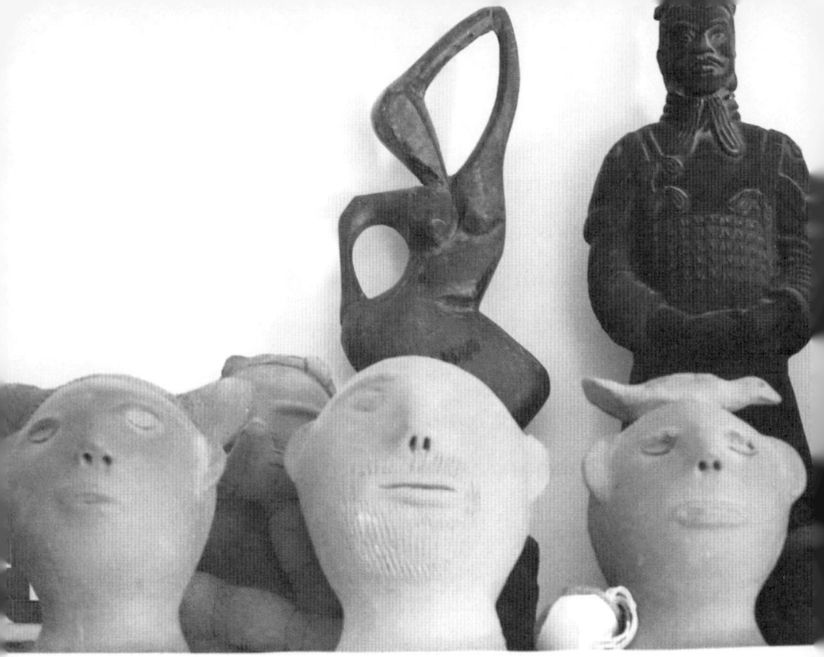

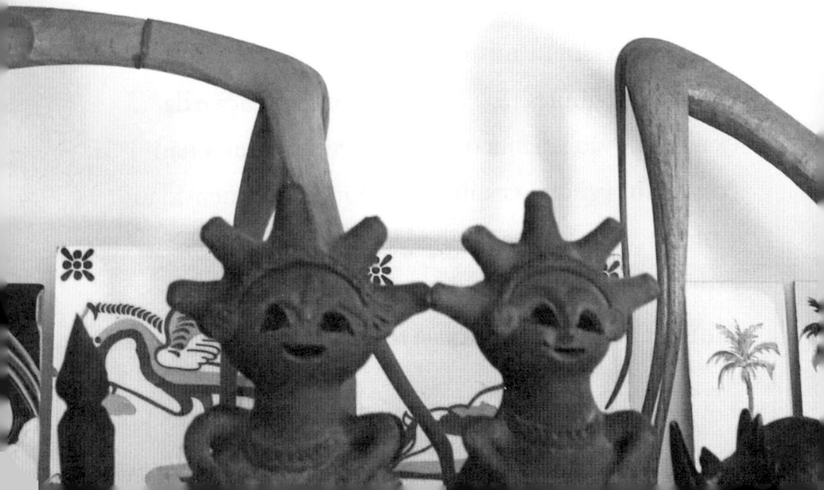

o autor

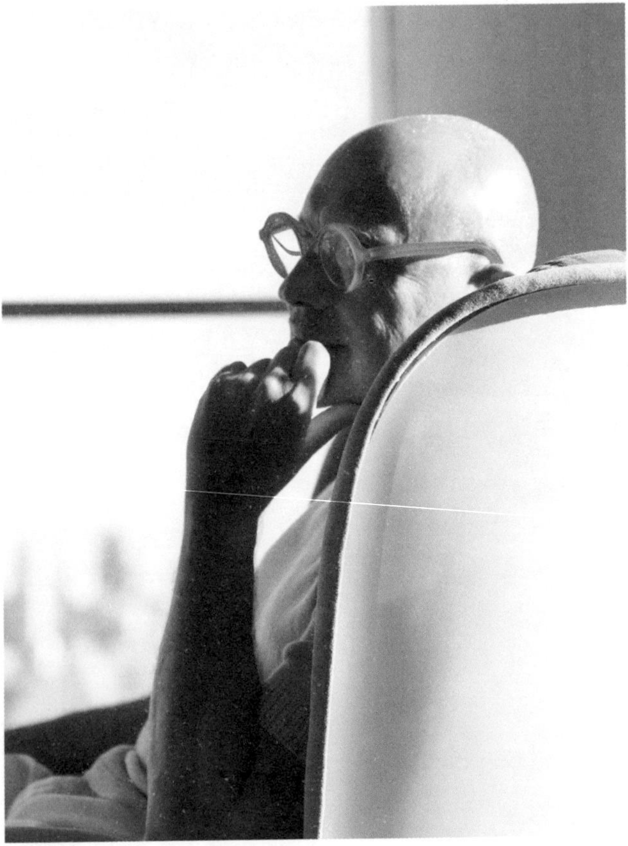

O arquiteto Arthur Casas é sócio-fundador do Studio Arthur Casas, criado em 1990. Desde então, o escritório completou mais de 500 projetos em diversas tipologias, incluindo arquitetura residencial e comercial, projetos corporativos e urbanos, além de competições públicas, design de interiores e mobiliário – tanto no Brasil quanto no exterior, em cidades como Nova York, Londres, Milão, Lisboa, Paris, Tóquio, entre muitas outras.
Anualmente, seus projetos recebem diversos prêmios nacionais e internacionais de prestígio e são frequentemente destaque na mídia brasileira e internacional. Arthur Casas publicou livros sobre seu trabalho e carreira, sendo o mais recente lançado em 2022 pela editora italiana Rizzoli. Em 2024, criou o Instituto Arthur Casas, um espaço dedicado à arquitetura, pesquisa e inovação.

Outono de dois mil e vinte e cinco